1470

ACIONISTA MINORITÁRIO NA SOCIEDADE ANÔNIMA
Direito de Fiscalização

UMA ABORDAGEM NÃO-DOGMÁTICA

B457a   Bencke, Carlos Alberto
      Acionista minoritário na sociedade anônima: direito de fiscali-
zação: uma abordagem não-dogmática / Carlos Alberto Bencke.
— Porto Alegre: Livraria do Advogado, 2003.
      171p.; 16x23cm.

      ISBN 85-7348-276-1

      1. Sociedade anônima. 2. Acionista minoritário. 3. Fiscalização.
4. Conselho fiscal. I. Título.

CDU — 347.725.031

Índices para o catálogo sistemático:

Sociedade anônima
Acionista minoritário
Fiscalização
Conselho fiscal

(Bibliotecária responsável: Marta Roberto, CRB-10/652)

Carlos Alberto Bencke

ACIONISTA MINORITÁRIO NA SOCIEDADE ANÔNIMA
Direito de Fiscalização
UMA ABORDAGEM NÃO-DOGMÁTICA

Porto Alegre 2003

© Carlos Alberto Bencke, 2003

Capa, projeto gráfico e composição
Livraria do Advogado Editora

Revisão
Rosane Marques Borba

Pintura da capa
Dalva Bencke
"Justiça: ensaio de cores e textura"
Óleo sobre tela, 0,50 x 0,70 cm

Direitos desta edição reservados por
Livraria do Advogado Ltda.
Rua Riachuelo, 1338
90010-273 Porto Alegre RS
Fone/fax: 0800-51-7522
livraria@doadvogado.com.br
www.doadvogado.com.br

Impresso no Brasil / Printed in Brazil

Dedico este livro à Dalva Regina, minha querida e compreensiva esposa e companheira de tantas boas ou sacrificadas horas, modelo de sensibilidade e multifacetada inteligência, que soube, sabiamente e como ninguém saberia, contornar dificuldades e ainda dar-me forças para prosseguir; aos meus filhos, Fabiana Regina e Carlos Leonardo, a quem procurei dar o exemplo de que o mestrado pode ser feito a qualquer tempo; à minha mãe, Iracema Jandyra, minha imagem de pertinácia; "in memoriam", ao meu pai, Arlindo, e irmã Sônia Maria; e aos meus irmãos Joseane e Luciano, pela compreensão das ausências nos momentos críticos.

Agradecimentos

Concluída a tarefa de elaborar a dissertação de mestrado, agora transformada neste livro, ficou a história de sua preparação gradual. Muitas pessoas colaboraram para que pudesse transformar este sonho em realidade. O Dr. Rogério Gesta Leal, colega, amigo e irmão de todas as horas, contribuiu para a escolha da linha de pesquisa e bibliografia, num primeiro momento, e depois emendando, retificando e endireitando os rumos e, finalmente, corrigindo a versão final. Aos Drs. Lenio Luiz Streck e Luiz Antonio Rizzato Nunes, que integraram também a banca de mestrado. Os colegas de mestrado, incentivadores mútuos. Os atuais e antigos servidores de meu gabinete de trabalho, Ana Rita, Cristiane, Lori, Maria Letícia, Michel, Patrícia e Silvana, pelo prestimoso auxílio. Bibiana e Rafael, mistos de estagiários, pesquisadores e tradutores de textos. Rodrigo Madrid, que dispensou tempo de sua dissertação para colaborar comigo. Enfim, a todos que, de uma forma ou de outra, ajudaram a concretizar esse desejo veemente.

Cada um de nós, defendendo com os seus escritos e com os seus atos uma certa concepção moral do mundo, luta pelo direito.

(RIPERT, 2000, p. 392).

Prefácio

Velhas normas e novos paradigmas do direito societário

Rogério Gesta Leal[1]

Em tempos nominados de transnacionalização e globalização de mercados, as atividades econômicas dos povos vêem-se dimensionadas fundamentalmente pela lógica do capital, que significa a concentração dos recursos de produção e mesmo da gestão do dinheiro e outros recursos necessários para fazer as coisas, para fazer mais dinheiro e mais coisas, num ritmo acelerado e violento, de profunda exclusão social.[2]

Este capital e dinheiro movem-se rápido; rápido o bastante para manterem-se permanentemente um passo adiante de qualquer Estado (territorial, como sempre) que possa tentar conter e redirecionar suas viagens. Neste caso, pelo menos, a redução do tempo de viagem a zero produz uma nova qualidade: uma total superação da gravidade espacial e temporal estabelecida pela tradicional perspectiva do mercado de trabalho.[3]

A influência crescente das organizações supranacionais – planetárias – teve por efeito acelerar a exclusão das áreas fracas e criar novos canais para a alocação de recursos, retirados, pelo menos em parte, ao controle dos vários Estados nacionais.

A imagem da desordem global reflete, assim, a nova consciência (facilitada mas não necessariamente causada pela morte súbita da política de blocos) da natureza essencialmente elementar e contigente das coisas que anteriormente pareciam tão firmemente controladas, ou pelo menos tecnicamente controláveis.

---

[1] Doutor em Direito, Professor Universitário e Desembargador do Tribunal de Justiça do Rio Grande do Sul. Foi orientador do trabalho de dissertação do autor, junto ao Programa de Pós-Graduação em Direito da UNISINOS, que ora se apresenta ao mercado editorial do país.

[2] Neste sentido, ver VIRILLIO, Paul. *Vitesse e Politique*. Paris: Dalloz, 2000, p. 20.

[3] Lembremos que a nova ordem internacional impôs esta velocidade aproximada à do sinal eletrônico, praticamente livre de restrições relacionadas ao território de onde partiu, ao qual se dirige ou que atravessa, fugindo, pois, de qualquer controle totalmente eficaz dos Estados Nacionais e suas instituições. Ver MARLEY, Telmo. *The new economic order*. Michigan: Presler, 2001, p. 32.

Tais cenários afiguram um campo de forças dispersas e díspares, que se reúnem em pontos difíceis de prever e ganham impulso sem que ninguém saiba realmente como pará-las.

Paradoxalmente, temos notado que, como forma de resistência à onda incontrolável do fenômeno da globalização, vêm surgindo iniciativas e ações de ordenação locais, tanto da cidadania organizada politicamente, como de algumas instituições, formando um novo bloco de poder de negociação política, agora orientadas para questões específicas: estamos falando, por exemplo, dos movimentos sociais de organização popular, das associações civis e de produção, das cooperativas, da reestruturação das tradicionais sociedades comerciais, etc.[4]

Diante de tais fatores e elementos, resta explícita a necessidade de novas articulações políticas envolvendo todos os atores da sociedade contemporânea, para fins de envolvê-los no processo cada vez mais tenso e conflitual da gestão, tanto em nível das macrossistemas sociais (poderes instituídos), como dos microssistemas sociais (as formas de organização da sociedade produtiva, que é o caso específico deste trabalho).

As sociedades comerciais hoje se apresentam como detentoras de grande responsabilidade em face do desenvolvimento social e do crescimento econômico, já que reúnem pessoas com objetivos de produção e compartilhamento de direitos e deveres que, insertas no tecido social, revelam-se obrigadas com o bem-estar de toda a coletividade, bem como dos seus sócios.

Todavia, de forma significativamente destemperada, este microssistema social que é a sociedade anônima vem pautado pela experiência comercial brasileira por uma austera predominância dos grandes acionistas, deixando ao largo os pequenos contribuidores de sua estrutura e evolver, situação que vem de encontro à nova ordem constitucional vigente.

Aqui se encontra a contribuição do presente trabalho, eis que pretende, além de delimitar os marcos normativos e políticos que informam a sociedade anônima no Brasil, também levar a cabo uma crítica responsável e conseqüente sobre a forma inadequada e quiçá injusta como são tratados os sócios minoritários das sociedades anônimas no país.

A crítica entabulada pelo autor – principalmente considerando sua íntima relação profissional com o tema enquanto magistrado – parte de uma ousada mas bem construída perspectiva hermenêutica, concebendo o ordenamento jurídico como uma parte constitutiva do fenômeno

---

[4] Ver o texto de BRANDON, Lucian. *El grand mercado social de la exclusión.* Madrid: Civitas, 2001, p. 92

político que caracteriza as relações societais, motivo pelo qual vê no processo de exclusão do sócio minoritário das sociedades anônimas um fator de discriminação e tratamento ilícito fundamental.

A ousadia, por outro lado, em face da sustentabilidade dos argumentos, dá lugar à criação democrática de novos paradigmas no tratamento das sociedades comerciais no Brasil, o que por si só já assegura o sucesso editorial e científico da proposta.

Uma boa leitura a todos.

Sumário

Apresentação 17

Introdução 21

1. Marcos históricos e normativos dos direitos de fiscalização do acionista minoritário 25
   1.1. Noções gerais das sociedades e origem histórica do direito de fiscalização . 25
   1.2. Fiscalização como direito essencial do acionista 31
   1.3. Influência da Assembléia Geral de acionistas na conformação da S.A. 35
   1.4. Direitos dos acionistas minoritários na assembléia geral 40
      1.4.1. Ser convocado e convocar a Assembléia Geral 41
      1.4.2. Discussão da matéria em pauta 44
      1.4.3. Representar e ser representado na assembléia 45
      1.4.4. Obtenção de informações do administrador 47
      1.4.5. Direito de pedir à Assembléia Geral a instalação do Conselho Fiscal . . 52
   1.5. Considerações críticas e a relevância da interpretação não-dogmática para a proteção dos direitos dos acionistas minoritários na lei ordinária 53

2. Controle estatal nas sociedades anônimas 59
   2.1. A evolução do Estado e a evolução das sociedades anônimas 59
   2.2. A intervenção estatal na formação e desenvolvimento das relações internas das companhias 62
   2.3. A equalização dos direitos essenciais dos acionistas e o controle estatal . . . 68
   2.4. O tratamento isonômico controladores/não controladores para o exercício da fiscalização 72
   2.5. Direitos essenciais dos acionistas e direitos fundamentais do cidadão 76

3. Perspectivas hermenêuticas do direito de fiscalização do acionista minoritário nas sociedades anônimas 85
   3.1. Desafios da fiscalização eficacial 85
   3.2. As insuficiências redutoras da idéia tradicional de fiscalização societária . . 96
   3.3. A tensão entre maioria-minoria no controle, administração e fiscalização da companhia 100
   3.4. Ética a responsabilidade social das companhias na pós-modernidade 106

4. A participação do acionista minoritário no conselho fiscal: o estado da arte . . 111
   4.1. Introdução conceitual e competência legal do Conselho Fiscal 111
   4.2. A importância do órgão na fiscalização da administração da sociedade anônima 117
   4.3. Proposição de instalação 120
   4.4. Composição do órgão de fiscalização e o problema da maioria na minoria . 123
   4.5. O conselho fiscal e o exercício de fiscalização do acionista minoritário 129

5. O controle acionário como forma de exclusão das minorias 133

    5.1. Direito de voto do acionista e seu exercício abusivo 133

    5.2. Acordo de acionistas em prejuízo do acionista minoritário 139

    5.3. A governança corporativa como forma limitadora de abuso da administração . 143

    5.4. A ineficácia do sistema atual para a proteção do exercício de fiscalização: possibilidades de superação 148

Considerações finais 155

Referências bibliográficas 167

Apresentação

Conhecendo desde muito jovem Carlos Alberto Bencke, de cuja amizade me honro, sou testemunha atenta e antiga de sua história pessoal e profissional, antes mesmo de haver ele enveredado pelos caminhos do Direito, que vem trilhando com crescente brilho e notável fidelidade aos valores éticos e sociais que cultivou sempre.

Tendo longamente exercido, com galhardia e sucesso invejáveis, a dura faina advocatícia, nela conquistou crédito e reconhecimento que o conduziriam à magistratura, pela via do quinto constitucional. No exercício dela, só fez confirmar o acerto dos que o elegeram, produzindo ao longo dos últimos anos um acervo de votos e decisões que, sem necessidade de qualquer complementação, bastaria para credenciá-lo à admiração dos jurisdicionados e, muito particularmente, à dos cultores da ciência jurídica.

Os muitos anos dedicados à jurisdição de segundo grau permitiram a seus pares descobrir nele também as qualidades de liderança à capacitação administrativa, mercê das quais foi alçado a uma das Vice-Presidências do Tribunal de Justiça, que vem ocupando com a mesma proficiência e sabedoria que marcaram sempre a sua atividade.

Trabalhador incansável, encontrou tempo e disposição para construir, paralelamente à sua atividade forense e à intensa participação na vida associativa, uma carreira acadêmica marcada, como aquela, pela constância das suas buscas e pela exata compreensão das prioridades da docência e das aspirações da sociedade, ganhando a admiração e a amizade de seus discípulos, como tenho constantemente comprovado no convívio com muitos deles. O desafio de conciliar duas atividades particularmente gratificantes mas sumamente exigentes – o áspero ofício de julgar e o trabalho acadêmico – ele o venceu sem sacrifício de qualquer delas.

O presente trabalho é atestado do talento e afinco com que se dedica o autor a todos os seus empreendimentos intelectuais. Como é, de resto, testemunho de sua coragem e disposição para inovar, sem cair nas perigosas seduções e armadilhas da elucubração descomprometida e leviana, tão cara a espíritos neófilos e menos ilustrados. Aliás, a presente obra é exemplo excelente de ponto de equilíbrio entre a inquietação dos inovadores e a segurança dos que têm os pés firmemente plantados na realidade concreta da convivência humana.

Situa-se o tema tratado no marco mais largo da necessária proteção ao direito das minorias societárias nas companhias, mesmo que o foco central ilumine de preferência a questão da outorga de voz, de influência e de fiscalização, em grau compatível com o princípio democrático, aos sócios minoritários. O autor trabalha com muito afinco precisamente essa idéia da gestão acompanhada e fiscalizada, corolário da democratização do capital, que está à raiz da própria *ratio essendi* dessa forma societária. E levanta algumas questões novas e interessantíssimas, inclusive de natureza metajurídica, ligadas ao problema da predominância despótica da maioria controladora – que, em regra, é maioria em termos de capital, mas não de número de sócios.

Com efeito, acompanhando-se com atenção a história das companhias, pode-se facilmente verificar que sua principal utilidade social está na possibilidade, que o sistema cria, de investidores de pequeno porte, vale dizer, indivíduos que não integram a elite econômica, participarem do mundo dos negócios e beneficiarem-se dos proveitos que o comércio proporciona. Com a mesma facilidade, porém, se há de constatar que a predominância de uns poucos sócios majoritários enseja, em geral, o monopólio da administração e, nada raramente, a marginalização dos interesses dos pequenos acionistas.

Não se pode perder de vista a especificidade dessa forma de sociedade mercantil – desde que se esteja a falar, é claro, da *verdadeira* sociedade anônima, não de suas deformações que apenas se aproveitam do tipo societário para obter benefícios. Nas companhias abertas, únicas dignas do nome e fiéis ao modelo histórico e à finalidade intrínseca, é absolutamente essencial que se garantam a todos os parceiros, no mínimo, a plenitude e a efetividade da informação sobre a condução dos negócios, embora se compreenda que esta seja exercida pela maioria do capital. A informação, o conhecimento de como se conduzem os gestores, é o requisito fundamental da fiscalização preconizada.

Como os mecanismos jurídicos para assegurar tais objetivos nem sempre se revelam adequados e eficientes – valendo notar, no Brasil, sua conhecida instabilidade normativa – parece razoável que se defina um conjunto de princípios e postulados baseados na necessidade social e nas prioridades éticas, capazes de servirem como guia ao próprio legislador, a fim de que não se continue a desvirtuar cada vez mais a finalidade do instituto jurídico e a usar os recursos dos minoritários em proveito dos controladores.

Essa parece ser a preocupação nuclear do autor desta excelente monografia, que corretamente se define em subtítulo como "uma abordagem não-dogmática" do problema analisado. Será este trabalho, por certo, de grande utilidade para os lidadores do Direito, sejam os mais experimentados, sejam aqueles que apenas se iniciam na fascinante e interminável aventura da busca do conhecimento jurídico.

Porto Alegre, julho de 2003.

Prof. Dr. Adroaldo Furtado Fabrício

Professor titular da UFRGS,
Desembargador aposentado e
ex-Presidente do TJRS

Introdução

A prática das relações sociais em uma sociedade anônima não demonstra a existência de proteção efetiva ao direito dos minoritários à fiscalização na administração, comumente exercida pela maioria controladora. No Brasil, a questão é ainda mais grave quando se constata que, invariavelmente, o controle está em poucas mãos.

Há uma riqueza de situações que podem acontecer na complexidade de relações intersociais e que são observadas a partir de uma ótica menos conservadora, avançando-se na direção de colocar ao alcance da população minoritária (menor no número de ações, mas parcela maior de investidores), a proteção efetiva de seus direitos de fiscalização.

Esta abertura não depende só da boa-vontade de administradores e controladores, mas substancialmente do legislador, porquanto é sabido o controle estatal exercido sobre as sociedades por ações. Ao intérprete também está reservada substancial parcela de responsabilidade para modificação do estado atual, tendo presente ser esse (intérprete) um agente notável de transmissão de novas formulações específicas.

Daí a escolha do tema deste trabalho, consubstanciada na necessidade de aferir-se, com exatidão, a grandeza destas relações e a conseqüente conquista de maiores espaços de discussão que, ao fim e ao cabo, resultem em proteção àqueles que investem suas economias em grandes conglomerados empresariais e esperam obter o necessário retorno, seja na obtenção de lucros, seja na fiscalização da atuação da administração e do controle.

Relaciona-se a preferência da espécie em estudo, ainda, com a oportunidade de discutir a matéria, pesquisando os autores nacionais e estrangeiros que dela tratam e trazendo a lume suas posições. Recentemente voltou-se a discutir a questão dos direitos das minorias nas sociedades anônimas, culminando ter o Congresso Nacional aprovado projeto para alteração da lei das S.A., especificamente nesta área. Ou seja, o tema continua atual.

Este é outro critério que contribui para justificar a proposição deste trabalho. Não existem normas específicas de proteção ao acionista minoritário quando se trata do exercício do seu direito de fiscalização dos negócios sociais. Todas as tentativas feitas de sobrepor os interesses minoritários resultaram em rotundo fracasso. Temos leis, mas ainda não se tem um processo de resguardo eficiente das minorias acionárias, como vem tratado no Capítulo 1.

Por isso, nesta nova abordagem que se pretende realizar com este estudo, deve-se contemplar perspectivas de superação do modelo atual, onde a regra hoje é sopitar a vontade do minoritário e evitar que possa exercer a fiscalização da administração e do controle.

Como enfrentar a situação de carência de meios para um efetivo exercício da fiscalização do acionista minoritário na sociedade anônima com o dogmatismo reinante em todos os seus quadrantes? A lei que diz proteger o acionista minoritário quer, ao mesmo tempo, preservar os interesses da empresa, e estes estão umbilicalmente presos aos do acionista controlador, que injeta vida pelo cordão que os une. Assim, na complexidade destas relações sobrevive o minoritário, sem que se lhe abra oportunidade de fiscalizar o exercício da administração com maior eficiência.

Operar a tensão maioria-minoria gerada por essa insuficiência de recursos de controle, administração e fiscalização para os que não detêm o poder no âmbito da sociedade por ações, é outro ponto provocativo ao estudioso do assunto. Isto só poderá dar-se a partir da exposição dos direitos previstos no atual sistema legal e da releitura de conceitos fundantes do tema, demonstrando a superação dos interesses majoritários (ou controladores) sobre os minoritários (não-controladores), procurando provar, por meio de um raciocínio concludente, a necessidade de quebra das estruturas atuais da interpretação dogmática. Em cada um dos direitos de fiscalização previstos no conjunto normativo atual, vê-se que há uma evidência emergente: a exigência de produzirem-se novas ações que reformulem os pré-conceitos que encolhem às escâncaras os direitos dos minoritários nas sociedades anônimas.

A Carta Política de 1988 elegeu o Estado Democrático de Direito como norte de seus princípios, daí por que a pesquisa pretende estabelecer a noção de proteção tanto à iniciativa privada como ao desamparado detentor do pequeno capital que investe na grande, média, ou mesmo, pequena empresa. Como solucionar, por exemplo, as alterações legislativas que restrinjam direitos dos acionistas minoritários em flagrante atentado ao princípio da isonomia, consagrado na Carta Magna?

Diante disso, no Capítulo 2, propõe-se preservar o princípio da livre iniciativa, como aspecto primordial do sistema capitalista, mas também busca-se dar atenção ao acionista minoritário, que acorre ao investimento com a esperança de bons lucros, mas vê-se frustrado pela ausência de possibilidade de qualquer intervenção/influência na administração e fiscalização da empresa. Não se desconhece a doutrina nacional e alienígena que, por vezes, consagra tão-somente o negócio mercantil, descurando da importância social da empresa. Outros, contudo, tratam-na com cuidado e com especial carinho. Duas correntes que merecem apreciação.

No Capítulo 3, demonstra-se que pode ser utilizada a hermenêutica como ferramenta para buscar-se ultrapassar a dominação atual do sistema legislativo pela interpretação não-dogmática, prevenindo conflitos pelo uso racional de um discurso que estabeleça uma nova forma de relação para que o detentor do poder acionário e os operadores do Direito nesta área disponham-se a dar melhores condições de fiscalização àqueles que, mesmo sendo atores coadjuvantes, podem concorrer para o fim comum, que é a busca de mecanismos eficientes para o sucesso do empreendimento.

Para isso, o Conselho Fiscal é o órgão com que os minoritários podem contar para alcançar a efetividade da participação no sistema de fiscalização, mesmo quando detêm pequeno número de ações. No Capítulo 4, conclui-se que este órgão é o que pode ser melhor usado para estabelecer um certo equilíbrio no exercício da fiscalização pelo acionista minoritário.

Ainda considera-se, no Capítulo 5, a possibilidade de superação da ineficácia mostrada pelo sistema atual de fiscalização. Os diversos mecanismos previstos no conjunto de normas das sociedades por ações demonstram que, ao invés de proteger, prejudicam tal exercício.

O método de abordagem a ser adotado no desenvolvimento da pesquisa parte de uma perspectiva hermenêutica, crítica e comparativa, procurando dar tratamento localizado no tempo à matéria objeto do estudo, a partir das regras e princípios orientadores da Constituição de 1988, aferindo como a ciência do Direito vem tratando o tema das sociedades anônimas e quais as possibilidades e alternativas nesse sentido.

O trabalho, então, desenvolve-se pela demonstração de que é possível, em cada um dos direitos de fiscalização previstos no conjunto normativo atual, objetivar-se ações que concebam novas regras e sobrelevem conceitos admitidos até hoje como verdade.

Demonstra-se que, na prática, é difícil tornar efetivos os direitos da minoria votante, mas alguns caminhos podem ser seguidos para o desenvolvimento de novas perspectivas para os acionistas minoritários. A efetividade destes direitos, portanto, é também escopo do trabalho desenvolvido. Ainda que a temática não seja inexplorada, há um campo de pesquisa e estudo notáveis, ocasionando a disponibilidade de um tema inesgotado.

Acionista Minoritário na Sociedade Anônima
DIREITO DE FISCALIZAÇÃO

Fundamenta-se o texto por uma nova visão hermenêutica neste tópico específico de proteção ao exercício de fiscalização das minorias nas sociedades por ações, fazendo com que uma abordagem fora da dogmática possa contribuir para o crescimento do instituto jurídico da sociedade por ações e de suas relações com o acionista minoritário e acionista controlador/administrador, aliando a teoria à pragmática, em demonstração pouco usual do sistema das sociedades por ações.

1. Marcos históricos e normativos dos direitos de fiscalização do acionista minoritário

1.1. Noções gerais das sociedades e origem histórica do direito de fiscalização

A idéia de sociedade desperta a imagem da união de pessoas em torno de um objeto comum. A sociedade comercial difere pouco desta representação porque também reúne pessoas, só que estas aportam capital e/ou trabalho e também visam à realização de um fim, apenas que de condição lucrativa. A partir destas duas premissas essenciais e agregadas à cultura da sociedade capitalista emergente, chegou-se na estruturação das instituições contemporâneas, cujo modelo está originado no capital e no lucro. Estes estão localizados também nos componentes fundamentais das sociedades comerciais, que estruturaram-se levando em conta a necessidade da organização do trabalho para a obtenção do lucro.

Mas, à medida que o tempo foi passando, houve também a necessidade de separar-se a atividade empreendedora da atividade pessoal, surgindo a divisão lógica do conceito de sociedade tão em voga hoje (passagem das empresas individuais e coletivas para a base estritamente capitalista), já que em alguns países - na Alemanha, por exemplo - é possível a sociedade unipessoal e que no Brasil, fixou-se na conhecida diferença feita pelo Código Civil de 1916 entre pessoas física e jurídica, sem esquecer a dessemelhança entre as sociedades de pessoas e de capital.

Assim, seguindo esta dicotomia, as sociedades em geral, numa arquitetura jurídica, desprendem-se das pessoas dos sócios e adquirem vida e personalidade próprias, ingressando no mundo jurídico como titulares de direitos e obrigações. Os bens dos sócios passam a integrar o seu patrimônio, vez que contribuem para a formação do fundo social e, mesmo os bens adquiridos posteriormente pela sociedade, a esta pertencem e não se comunicam com os dos sócios.

A criação das sociedades surgiu, justamente, da necessidade que tinham os empreendedores de separar os seus bens pessoais daqueles que garantiam as transações sociais, permitindo o comércio sem que os homens de negócio nele comprometessem, ilimitadamente, seu patrimônio. Separou-se, então, a pessoa da sociedade da pessoa do sócio. Esta questão não foi bem resolvida no Código Comercial de 1850, se não que apenas com a edição do Código Civil de 1916, quando, então, passou-se a ter um claro afastamento conceitual entre as pessoas física e jurídica. Separaram-se, em conseqüência, as responsabilidades, passando os bens dos sócios a não responderem pelas dívidas da sociedade. Por essa razão, bem observado que "Para a sociedade, a aventura e o risco. Para o sócio, a expectativa de grandes lucros e a tranqüila segurança de uma responsabilidade limitada".[1]

Pelo Código Civil de 2002,[2] são consideradas pessoas jurídicas as entidades públicas e privadas, passando a sociedade que exerce atividade de empresário a ser considerada como empresária quando exercida por pessoa jurídica, fazendo referência, ainda, à sociedade por ações nessa mesma condição. Não houve modificação substancial quanto ao escopo do contrato de sociedade: a união de pessoas, que contribuem com bens ou serviço e a busca de resultados e a partilha do mesmo.[3]

Os elementos caracterizadores da sociedade são, por conseguinte, 1) a *affectio societatis*, entendida como o propósito de estabelecer a união de esforços – apesar da insuficiência conceitual – e 2) a repercussão que os atos de gestão causam ao patrimônio dos próprios sócios, com o limite da responsabilidade ao capital investido, e de terceiros.

Diferenciam-se, ainda, as sociedades de pessoas daquelas chamadas sociedades de capitais. Pela primeira, o impulso inicial da associação se dá pelas condições pessoais do sócio, ou seja, tanto as sociedades em que transparecem as qualidades da pessoa na gestão social, sua competência, sua honorabilidade, como nas que se podem identificar

---

[1] PEREIRA, Pedro Barbosa. *Curso de Direito Comercial*. São Paulo: Revista dos Tribunais, 1969. II v., p. 9.

[2] Superou-se a fase de tentar colocar a parte das sociedades anônimas inteiramente regulada no Código Civil, providência tentada antes da edição da Lei 6.404/76, e que já em 1974 recebia a crítica da doutrina, que apontava as transformações constantes que sofre o instituto num país de tão rápida evolução e transformações econômicas: "não nos parecia razoável ou conveniente asfixiar as sociedades anônimas na camisa de força de um Código Civil unificado." REQUIÃO, Rubens. O controle e a proteção dos acionistas. *Revista de Direito Mercantil*, São Paulo: RT, n. 15/16, 1973, p. 24.

[3] CC/2002: "Art. 981. Celebram contrato de sociedade as pessoas que reciprocamente se obrigam a contribuir, com bens ou serviços, para o exercício de atividade econômica e a partilha, entre si, dos resultados. Parágrafo único. A atividade pode restringir-se à realização de um ou mais negócios determinados. Art. 982. Salvo as exceções expressas, considera-se empresária a sociedade que tem por objeto o exercício de atividade própria de empresário sujeito a registro (art. 967); e, simples, as demais. Parágrafo único. Independentemente de seu objeto, considera-se empresária a sociedade por ações, e, simples, a cooperativa."

pela repercussão patrimonial que determinada pessoa contribui para a formação do fundo social, bem assim, para sua (aparente) solvência.[4] Na sociedade de capitais, por seu turno, o motivo da associação se constitui no aporte do sócio considerado objetivamente e com independência de sua pessoa. Visa-se à reunião de capitais, resultando daí, a independência da sociedade, tanto pela indiferença de quem será o gestor de negócios, como no patrimônio subjetivamente considerado: uma vez ingressado o capital, não importa se a pessoa do sócio, individualmente considerado, é solvente ou não.[5]

Entre estas últimas, sociedades de capitais, transcende o interesse nas sociedades anônimas ou por ações, responsável pelas transformações mercantis no mundo todo e contribuinte para uma série de discussões doutrinárias a respeito de sua extraordinária utilidade no sistema capitalista.

Essencialmente dinâmica, também deu lugar à maleabilidade da legislação, pois, ao lado das relações externas com o mercado de capitais e com os credores em geral, sua atividade interna é muito intensa, gerando controvérsias permanentes entre os seus sócios, em especial entre os chamados sócios minoritários e sócios controladores, sem que aqueles sejam, necessariamente, os em menor número (ao contrário, podem sê-lo em quantidade maior), e sem que estes sejam, necessariamente, os majoritários (tanto em número de sócios, como em valor de aporte de capital).

Estas questões internas são, atualmente, as que causam maior celeuma, porquanto nas sociedades por ações "vige o princípio majoritário: a submissão da minoria à vontade da maioria surge como necessidade imprescindível ao próprio funcionamento das sociedades anônimas".[6] Ora, é da essência humana a contrariedade a qualquer submissão, ao poder que se lhes pretende impor; ao contrário, o que detém o poder quer mantê-lo e fazê-lo crescer, "Porque la naturaleza del poder es, en este punto, como ocurre con la fama, creciente a medida que avanza; o como el movimiento de los cuerpos pesados, que cuanto más progresan tanto más rapidamente lo hacen".[7]

Levada esta relação ao terreno pragmático, o embate será inevitável, ainda mais se os minoritários pretenderem exercer atos que impliquem fiscalizar a atividade empresária da sociedade, imiscuindo-se na admi-

---

[4] Utiliza-se o termo "aparente solvência", porque nas sociedades por quotas de responsabilidade limitada também a solvência pessoal do sócio tem pouca importância, contribuindo apenas para dar maior credibilidade ao empreendimento.

[5] RUBIO, Jesus. *Curso de Derecho de Sociedades Anónimas*. Madrid: Ed. de Derecho Financiero, 1964, p. 22.

[6] GRAEFF JR., Cristiano. *Compêndio Elementar das Sociedades Comerciais*. Porto Alegre: Livraria do Advogado, 1997, p. 211.

[7] HOBBES, Thomas. *Leviatan*. México: Fondo de Cultura Económica, 1998, p. 69.

nistração e buscando saber a quantas anda o capital que investiram. Procurando estabelecer limites para essa discussão, o legislador brasileiro criou alguns mecanismos de defesa àqueles sócios que possuem capital menor, com conseqüências para o regular andamento da sociedade e para as relações intersócios, em uma enervante lentidão, conforme conta a evolução dos institutos protetivos.

A procura da procedência dos direitos de fiscalização das minorias nas sociedades por ações não encontra eco histórico. Aliás, esta é uma dificuldade comum a todo sistema acionário, como lembra apropriadamente Pontes de Miranda, que reconhece a impossibilidade da abordagem histórica dos seus institutos ao afirmar que "Nas sociedades por ações, há elementos históricos que não a definem, porém foram degraus para se chegar até elas."[8] A pesquisa, portanto, não se resume tão-só ao apanhado legislativo, mas deve enfeixar o crescimento dos direitos dos acionistas minoritários ao longo da existência deste instrumento notável da criação humana, que é a sociedade por ações.

A essência do direito societário pode ser vista no vetusto Código Comercial Brasileiro de 1850, em que ficou definida a nulidade da sociedade ou companhia em que se estipular que a totalidade dos lucros pertença a um só dos associados ou que algum deles seja excluído. Tratou também dos prejuízos, afirmando a mesma ineficácia da estipulação "que desonerar de toda a contribuição nas perdas as somas ou efeitos entrados por um ou mais sócios para o fundo social." Com clareza fica delineado que o escopo da reunião de pessoas em torno de um objeto mercantil é a divisão dos eventuais lucros e prejuízos. Fora disso, como enfatizam Lamy Filho e Pedreira, estar-se-ia criando um "modelo utópico" de sociedade anônima.[9]

Levando-se em conta a atual sistemática das anônimas, correta a abordagem feita pelos renomados comercialistas. Porém, como propõe este trabalho desde o título, outros podem ser os caminhos que levariam a uma interpretação em que se protegeriam os interesses minoritários de melhor fiscalizar a atividade-fim da empresa e, assim, também buscar-se-ia cumprir o objetivo maior de todos: o lucro.

Citado por Bento Faria como "um dos elementos essenciais da sociedade",[10] a divisão de lucros era um dos direitos dos acionistas, ainda que estabelecidas algumas regras que, por não serem vedadas na lei, poderiam ser adotadas pelo contrato social. Todavia, em sendo um

---

[8] MIRANDA, Pontes de. *Tratado de Direito Privado*. São Paulo: Revista dos Tribunais, 1984. L v., p. 5.

[9] LAMY FILHO, Alfredo; PEDREIRA, José Luis Bulhões. *A Lei das S.A., pressupostos, elaboração, aplicação*. Rio de Janeiro: Renovar, 1992. I v., p. 193.

[10] FARIA, Antonio Bento de. *Codigo Commercial Brazileiro annotado*. Rio de Janeiro: Jacintho Ribeiro dos Santos, 1912, p. 246.

componente primordial, deveria o acionista minoritário contentar-se com a repartição dos dividendos – ou dos prejuízos, se fosse o caso –, sem qualquer ingerência na administração da companhia.

Crescendo o interesse na obtenção dos lucros e observando-se as facilidades com que poderiam ocorrer tentativas de fraudes praticadas na gerência dos negócios, acobertando ganhos e emergindo prejuízos, aumentou a exigência de melhorar a fiscalização dos acionistas.

Os direitos de fiscalização do acionista minoritário vêm sendo alvo de atenção desde o Decreto 434, de 4 de julho de 1891, que pouco esclarecia, mas mesmo assim, importante sob o ponto de vista histórico. Tentavam-se impor algumas regras que pudessem estabelecer limites aos administradores, sem ainda dar um enfoque preciso à fiscalização.

Antes disso e mesmo que fossem regras genéricas, aplicáveis a todas as sociedades, pode-se afirmar que está no Código Comercial o nascimento dos direitos de fiscalização, porque esta vetusta e, paradoxalmente, sempre atual codificação de 1850, regulou as companhias em capítulo à parte, mas não previa qualquer espécie de controle pelos acionistas de forma específica. Eles deveriam satisfazer-se com meras prestações de contas dos administradores para exercer certo controle da gestão dos negócios empreendida exclusivamente pelos dirigentes. Isto porque "a prestação de contas dos administradores certamente decorria da sistemática geral das sociedades comerciais",[11] mas não que fosse obrigação estatuída em lei.

O art. 290 dispõe que nas sociedades mercantis não se pode tirar dos sócios o exame de todos os livros, documentos, escrituração e correspondência, e do estado da caixa, sempre que o requerer. Em princípio, o exercício desta fiscalização poder-se-ia dar a qualquer tempo, salvo estipulação em contrário no estatuto ou qualquer outro título da instituição da companhia ou sociedade que, no entanto, deveria estabelecer as épocas em que o mesmo exame unicamente poderia ter lugar. Conclui-se, então, que a estipulação estatutária ou contratual somente pode estabelecer a época do exame, mas não tolhê-la no todo ou em parte.

É importante, sob o aspecto do nascimento e crescimento deste instituto fundamental e essencial ao acionista, a disposição contida no Código Comercial – embora inaplicável às sociedades anônimas a partir do Decreto 434, de 1891 –, eis que sua aplicação obedecia ao processo comercial ditado no Regulamento 737, do mesmo ano de sua edição – 1850. E neste, as conseqüências à desobediência da eventual

---

[11] BULGARELLI, Waldírio. *Regime jurídico do conselho fiscal das S.A.* Rio de Janeiro: Renovar, 1998b, p. 38.

determinação judicial de exibição de livros e documentos aparecia com a severa cominação da pena de prisão.[12]

Depois de editado o citado regramento processual – que, na realidade, como todo processo civil da época, continha regras de direito material, pois dependente aquele deste, face à falta de autonomia da ciência processual – ao acionista da sociedade anônima não era dado o direito de pleitear a prisão do renitente administrador que não entregasse, a exame, os livros e o caixa da sociedade.

Para ter uma idéia da importância do direito de fiscalização nos seus primórdios, basta retratar a opinião sempre abalizada de Bento de Faria. Dizia ele:

"Os socios são coproprietários dos livros e mais papéis concernentes ao giro comercial da sociedade; a fiscalização da administração a todos interessa, de onde segue que em qualquer época, salvo convenção contrária, podem examiná-los e ao mesmo tempo verificar o estado da caixa social".[13]

Esta peremptória orientação, com algum temperamento e conseqüente redução de sua amplitude, bem assim pela necessária adaptação aos novos tempos, foi seguida nas leis das sociedades anônimas editadas posteriormente.

Pode-se dizer, por conseguinte, que foi no Decreto 434 que houve a consolidação normativa das esparsas disposições legislativas e regulamentares sobre as sociedades anônimas e no qual, pela primeira vez, surgem regras próprias para a fiscalização pelos acionistas em geral. Torna-se obrigatória a instalação do Conselho Fiscal nas sociedades anônimas, composto de três ou mais fiscais e suplentes em igual número, conforme regulado no art. 118.[14] A ausência de remissão neste dispositivo e as que a citada consolidação faz nos artigos subseqüentes que tratam dos fiscais e sua atuação demonstra a inexistência de disposição anterior sobre o organismo, mas ao mesmo tempo que normas esparsas anteriores regulavam uma certa forma de controle sobre as companhias.

Começa também a ser criada a moldura que temos hoje com respeito aos direitos dos acionistas. Basta ver o rol que faz Russell, amparado em Spencer Vampré, dividindo-os em duas categorias: essenciais e estatutários. Como direitos essenciais de fiscalização destacam-se: o de comparecer e assistir às assembléias gerais, ainda que, em alguns casos, não tivesse direito a voto; conhecer o estado das finanças

---

[12] Dec. 737, de 25 de novembro de 1850, art. 352 – Citada a pessoa a quem os livros pertencem, ou em cujo poder estão, para exhibil-os dentro do prazo e lugar designado com comminação de prisão, será esta citação accusada em audiencia.

[13] FARIA, 1912, p. 1.089.

[14] Id. ibid.

da sociedade, pelo menos um mês antes da data marcada para a reunião da assembléia geral ordinária, pelo exame do balanço, bem como conhecer o relatório da diretoria e do conselho fiscal até a véspera; pedir a convocação de assembléia extraordinária; convocar a assembléia ordinária no caso de não-convocação pela diretoria até três meses da data estatutária; pedir a exibição integral dos livros da sociedade; dar queixa contra os fundadores, administradores e membros do conselho fiscal pelos crimes que praticaram no exercício de suas funções.[15]

Não se tinha, ainda, uma efetiva proteção ao exercício fiscalizatório do acionista minoritário, mas as disposições até ali existentes, ao menos, acenavam para uma certa abertura que somente foi se verificar, com efetividade, em 1976, com a edição da Lei 6.404, ainda que incompletamente. Até então, pífias eram as mudanças pretendidas, inclusive no Decreto-Lei 2.627 de 1940, em que os direitos dos acionistas foram erigidos à condição de obrigatoriedade.

Assim, surgiam alguns direitos de fiscalização a partir de meados do século XX, tendo esta primeira codificação mercantil nacional sobre as sociedades por ações ficado marcada por ter enraizado a fundamentalidade dos direitos dos acionistas. Entre outros, tornou essencial o direito de fiscalização, dando mostras de avanço no sentido de proteger, com efetividade, esta importante prerrogativa dos acionistas até então sufocada.

1.2. Fiscalização como direito essencial do acionista

A doutrina converge no sentido de que o acionista deve submeter-se à vontade da maioria. Em qualquer situação, prevalece a lei da maioria. Ou seja, mesmo dissidente ou ausente da assembléia, a decisão será tomada contra sua vontade. Esta também a orientação de Ripert que, todavia e muito apropriadamente, adverte: "La decisión de la mayoría no es sin embargo soberana. No puede suprimir los derechos de los accionistas (...). Existen, pues, derechos individuales que pertenencen a los accionistas. Algunos de ellos son determinados por la ley; (...)".[16] Este autor encontra fundamento na teoria dos direitos individuais do acionista na comparação que faz da sociedade comercial com um Estado de constituição democrática, pois, de igual modo como existem os direitos do homem e do cidadão que o poder político deve

---

[15] RUSSEL, Alfredo. *Curso de Direito Commercial Brasileiro.* Rio de Janeiro: Jacintho Ribeiro dos Santos, 1928. I v., p. 314-315.

[16] RIPERT, Georges. *Tratado elemental de Derecho Comercial.* Buenos Aires: Tipográfica Editora Argentina, 1954. II v., p. 350.

respeitar, existem os direitos individuais dos acionistas que o poder constituído da sociedade não pode suprimir nem afetar. Vai ao extremo de afirmar que a situação dos acionistas é mais forte, pois pode impugnar diretamente as decisões da sociedade em juízo.

E pode discuti-las na assembléia, acrescente-se, invocando, em seu benefício, a projeção destes direitos conferidos pela lei acionária por aqueles dispostos na Constituição Federal. O mesmo Ripert levanta a hipótese de que os direitos individuais dos acionistas possuem este caráter ampliado. Daí decorre a importância estatal que assumem os direitos assim postos, ainda que na concepção privatística das anônimas na opinião desse autor:

> "Es preciso, a nuestro juicio, conferir a estos derechos individuales del accionista un carácter político en la acepción más amplia de la palabra. La creación de la sociedad anónima es una obra del Estado. La creación no debe tener por efecto permitir la violación de los derechos que el accionista posee en virtud del funcionamiento regular de las reglas jurídicas. Los órganos de la sociedad no tienen un poder soberano. El accionista que defiende su derecho, contribuye con su defensa a la limitación de este poder y mantiene la construcción jurídica en su regularidad".[17]

A lição é apropriada às companhias nacionais, com ligeiras adaptações. Apesar de constarem hoje de nossa legislação, os direitos essenciais tiveram uma construção lenta, e, por primeiro, sequer constava entre eles o direito de fiscalizar, pois o tema assimilado somente veio apresentar algum resultado verdadeiro no Código Comercial de 1850.

Mesmo que se fossem ampliando os poderes de administração para facilitar a gestão das sociedades por ações – e, em conseqüência também alargando os direitos da maioria acionária – Ascarelli lembra: "Foram-se, assim, identificando-se, cada vez mais precisamente, uma série de direitos que cabem a cada acionista ou a cada acionista ordinário, e são inderrogáveis até no estatuto e, *a fortiori*, com uma deliberação por maioria".[18] À época em que não continham as expressões "direitos fundamentais" ou "essenciais" a importância que têm hoje, o autor italiano usou a primeira para exprimir que a organização interna da sociedade anônima deveria tutelar os interesses dos acionistas. Aos direitos essenciais juntam-se os chamados direitos acidentais ou modificáveis, que são os que não podem ser enumerados na lei, pois nascidos e condicionados em determinações estatutárias variáveis conforme a natureza da sociedade e as condições de sua existência. Podem ser citados como exemplos os direitos de voto para determina-

---

[17] Ibid., p. 351.

[18] ASCARELLI, Tullio. *Problemas das sociedades anônimas e direito comparado.* Campinas: Bookseller, 2001, p. 484-485.

da classe de ações e, em especial, os destinados aos possuidores de ações preferenciais, cujas vantagens e preferências dependem fundamentalmente dos estatutos.

Influenciado por esta doutrina, o legislador nacional passou a atentar para os direitos dos acionistas na fiscalização da administração e colocou sua primeira manifestação no Decreto-lei 2.627/40, art. 78, letra *c*, e, posteriormente, confirmou-a na Lei 6.404/76, art. 109, III, onde fica claro ser este um dos pontos em que se constitui a essência dos direitos que tem o acionista: o de fiscalizar a administração da sociedade a que pertence. Sem dizer inicialmente serem essenciais, esses direitos de "qualquer acionista" não poderiam ser suprimidos nem pelos estatutos sociais, nem pela assembléia geral. Valverde os afirma, na esteira de estudos alemães, "direitos individuais" (*sonderrecht*), "que, assegurados à generalidade dos acionistas, não podem, em regra, ser suprimidos ou modificados pela vontade da maioria, nem mesmo, alguns deles, renunciados pelo acionista." Completa, dizendo-os "absolutamente inatingíveis, outros, subordinados ao princípio da igualdade de tratamento".[19]

Na Lei 6.404 surge, pela primeira vez, a expressão "direitos essenciais", seguindo a tendência já registrada de outorgar tratamento diferenciado às conquistas dos acionistas. Manteve-se, sem qualquer alteração de monta, o direito de fiscalizar a gestão dos negócios sociais. A inserção desta expressão demonstra a tendência constitucionalista que já se verificava em outros países e que, no Brasil, vinha sendo preparada com a "lenta e gradual"[20] volta à democracia.

A incompletude do instituto, porém, é visível e revela-se sobremaneira na ausência do direito de comparecer às assembléias ou do voto como direito fundamental. Talvez seja este o motivo para a doutrina brasileira revelar-se céptica em relação aos direitos individuais dos acionistas, ao contrário da ciência alemã, a quem ficou incumbida a tarefa de descobrir quais direitos seriam incluídos entre os especiais dos acionistas (*Sonderrechte der Mitglieder*) no anteprojeto do Código Civil (*BGB*) no fim do século XIX.[21]

---

[19] VALVERDE, Trajano de Miranda. *Sociedade por ações*. Rio de Janeiro: Forense, 1959. 2 v., p. 31.

[20] Estas palavras tornaram-se famosas porque proferidas pelo Presidente da República, Gen. Ernesto Geisel, eleito de forma indireta pelo Congresso Nacional, dominado pelos militares, dando início à volta do país ao caminho de respeito às instituições democráticas, como as eleições diretas para Presidente, Governadores, Prefeitos Municipais das Capitais e cidades consideradas estratégicas para a "segurança nacional."

[21] PLANCK, G. *Bürgerliches Gesetzbuch nebst Einführungsgesetz*. Berlin: I.Guttentag, 1903. Tomo 1. O autor oferece, no início do século XX, seu contributo ao estudo, afirmando não se ter como determinar, de modo geral, quais direitos devem ser considerados como direitos especiais senão através da análise da natureza e das finalidades da associação individual. Ou seja, não se criaria um rol de direitos, mas sim seriam apreciados casos individuais que, se não contrariassem os direitos da sociedade, seriam adotados como especiais daquele acionista, após manifestações dos tribunais acerca de tais direitos (tradução livre de Rafael B. Garcia, feita especialmente para este trabalho. Não transcrito o original porque escrito em alemão gótico).

Depois de conceituar os direitos essenciais como aqueles que não podem ser excluídos pelo estatuto ou pela assembléia, Tavares Borba assevera que eles não apresentam "a rigidez que seria de esperar." Sobre o direito de fiscalizar, dá o enfoque preciso para afirmar a natureza indireta que é exercida somente pelo Conselho Fiscal, de funcionamento não obrigatório, e das auditorias independentes, cuja contratação somente é compulsória nas companhias abertas.[22]

Outra crítica parte de Modesto Carvalhosa, dizendo que a Lei 6.404/76 não só deixou de evoluir com referência à lei de 1940, como involuiu profundamente no que respeita ao principal direito do acionista, qual seja, o de participar das deliberações sociais em assembléia geral. Considera a lei atual "como eminentemente oligárquica, com predomínio dos grandes acionistas – controladores – e, conseqüentemente, com a privação dos direitos de participação e deliberação dos acionistas minoritários".[23]

Os direitos essenciais não se destinam apenas aos acionistas minoritários, mas aos acionistas em espécie, do qual aqueles são gênero. A autoridade desses direitos pode ser invocada em qualquer circunstância, mas é justamente o direito de fiscalização que reúne gama maior de influência, porque tende a colocar a administração sob constrangimento na tentativa de levar a cabo qualquer tipo de atitude contrária aos interesses dos acionistas.

Mas, independente de eventuais defeitos que podem ser encontrados na lei, como se verá adiante, a orientação pode ser buscada na ordem constitucional. O caráter público revelado nas sociedades por ações justifica, em plenitude, o socorro à proteção dos minoritários – em especial a fiscalização dos atos administrativos da sociedade – nos direitos fundamentais previstos na Carta da República, notadamente em face do sistema adotado pelo constituinte nacional de 1988, com a expressa previsão de não-exclusão de outros direitos e garantias além dos expressos no art. 5º e dos princípios seguidos na Constituição. Ainda que devam ser devidamente contextualizados, tendo em vista as condicionantes da própria atividade empresarial em sua concretude, não há como negar a existência de relação entre os direitos dos acionistas e a dignidade humana.

Se considerada, ainda, a qualidade inerente a toda sociedade por ações de influenciadora até de políticas públicas, torna-se também um referencial que pode ser adotado para erigir à fundamentalidade estes direitos. Reconhece-se a dificuldade de adoção desta idéia, principal-

---

[22] BORBA, José Edwaldo Tavares. *Direito Societário*. Rio de Janeiro: Renovar, 2001, p. 299-300.

[23] CARVALHOSA, Modesto. *Comentários à Lei das Sociedades Anônimas*. São Paulo: Saraiva, 1997. 2 v., p. 283. O autor também refere a Lei 9.457, de 1997, como substrato desta involução legislativa.

mente em consideração ao aspecto privatístico que envolve a busca de lucro por parte do acionista minoritário. O que não se pode negar, todavia, é a possibilidade de enquadrar o direito dos acionistas – considerado, por extensão, o direito de fiscalização, essencial como diz a legislação própria – entre aqueles que são constitucionalmente protegidos.

Digno de nota o exercício de procura que Ingo Sarlet faz no texto constitucional, em busca de exemplos materiais de direitos fundamentais não expressos entre aqueles arrolados no art. 5º. Garimpa-os também no art. 170 da Constituição, ali encontrando "dispositivos que poderiam ser levados em conta como direitos fundamentais de cunho social." Explicita que necessário é encontrar neles os critérios referenciais do conceito material de direitos fundamentais em nossa ordem constitucional.[24] A esta matéria o trabalho volta-se no próximo capítulo, ao tratar da fundamentalidade dos direitos dos acionistas, correlacionando-os aos do cidadão.

A discussão, de qualquer sorte, desemboca na assembléia dos acionistas, porque de nada adiantam providências preliminares ou quaisquer outras, se houver o risco de derrota na reunião de acionistas, onde desponta o voto do controlador/majoritário, interessado em manter o estado de coisas. O foro é adequado, se se levar em consideração, pura e tão-somente, a normatividade imperante, mas a previsibilidade da decisão acarreta a descrença no mecanismo colocado à disposição do acionista que diverge, como se verá a seguir.

1.3. Influência da assembléia geral de acionistas na conformação da S.A.

A importância da Assembléia Geral é reconhecida, despontando normativa e pragmaticamente soberana, ao gosto do capital, apesar de, gradativamente, vir perdendo em substância. Pode-se afirmar, contudo, que é dela que partem todas as decisões que vão ditar a orientação a ser seguida pela administração, sobre ser vital sua participação na fiscalização dos negócios sociais. A formulação dos contornos da autoridade e prestígio da reunião de acionistas vem expressa na lei, observando o art. 121 que tem ela poderes para decidir todos os negócios relativos ao objeto da sociedade e tomar as resoluções que julgar convenientes à sua defesa e desenvolvimento.

Este modelo legal permanece inteiro em nosso ordenamento, mas sofre com as mudanças exigidas pelo mundo moderno, em que as

---

[24] SARLET, Ingo Wolfgang. *A eficácia dos direitos fundamentais.* Porto Alegre: Livraria do Advogado, 2001, p. 125.

decisões precisam ser mais ágeis e, assim, tornando-se incompatíveis com a morosa burocracia assemblear e, também daí, decorrendo o fenômeno que decreta, gradativa mas inexoravelmente, o declínio do instituto. Apesar da intensidade com que isto é verificado, "não se pode negar, do ponto de vista jurídico, a soberania expressa no poder, que a lei lhe atribui, de decidir 'todos os negócios relativos ao objeto da companhia'."[25]

Interessante estudo coloca a lei vista do lado sociológico, mostrando e comparando a assembléia geral e o poder de dominação do controlador – invocando o modelo de Max Weber – com a conseqüente diminuição dessa propalada e normatizada importância da assembléia dos acionistas, em verdadeira distorção do molde pretendido pelo legislador:

> "As resoluções isoladas e tópicas da assembléia geral de acionistas, em que se faz patente o poder de controle, se complementam por uma constante influência dominante do acionista controlador, senhor dos rumos da companhia, dirigente real das atividades sociais e orientador das deliberações dos órgãos de gestão".[26]

Este órgão que reúne tanto poder – ao menos teoricamente – fica, portanto, sujeito ao voto do grupo controlador. Regem suas decisões aqueles que têm o maior número de ações e que possuem direito ao voto em suas plenárias. Isto porque o acionista compra ações e, ao mesmo tempo, votos, o que leva à afirmação de que "Uma assembléia geral (...) é uma reunião de 'sacos de dinheiro que votam', e não uma festa cívica", conforme ponderam os principais articuladores do anteprojeto da lei de 1976.[27]

Ao abordar o tema do controle na sociedade por ações, Comparato faz a mesma afirmação, mas com a acuidade redobrada que sua obra demonstra. Examina a questão das assembléias, iniciando pela analogia entre o valor pragmático da expressão constitucional de que "todo o poder emana do povo e em seu nome é exercido" e a efetividade vinculante na prática política, "onde a noção de 'povo' se revela excessivamente abstrata," o mesmo acontecendo com as decisões tomadas na reunião dos acionistas.[28]

---

[25] TEIXEIRA, Egberto Lacerda; GUERREIRO, José Alexandre Tavares. *Das sociedades anônimas no direito brasileiro*. São Paulo: José Bushatsky, 1979. 1 v., p. 384. Estes autores chamam a atenção também para a alteração substancial ocorrida no instituto, com a ampliação do espectro decisional das assembléias provocada pela necessidade de prever a existência da chamada "holding pura," quando passou a admitir que a assembléia decida sobre o objeto da companhia, e não apenas sobre o objeto de exploração.

[26] GUERREIRO, José Alexandre Tavares. Sociedade Anônima: poder e dominação. *Revista de Direito Mercantil*, São Paulo: RT, v. 53, [19--], p. 77.

[27] LAMY FILHO; PEDREIRA, 1992, p. 193.

[28] COMPARATO, Fábio Konder. *O poder de controle na sociedade anônima*. 2. ed. São Paulo: Revista dos Tribunais, 1977, p. 23.

Apesar da afirmação legal sobre os poderes imensos de que é dotada a Assembléia Geral, Comparato pergunta desafiadoramente: quem toma as decisões de fato? Explica, então, que "O controle manifesta-se através dos poderes decisórios da assembléia de acionistas, como necessária legitimação do seu exercício. Mas essa legitimação é meramente formal ou procedimental".[29]

A conclusão, portanto, será de que, na prática, a decisão assemblear não é, necessariamente, a vontade do povo acionista. A aberração pode ser vista – e os interessados não mostram qualquer pejo em deixar-se ver assim – na observação pura e simples de qualquer decisão de assembléia geral, em que o sistema quer se mostrar aberto e transparente, mas a experiência põe a nu as diferenças de ampliação para as desiguais classes de possuidores de ações, deformando as imagens que pretendem produzir.

O mesmo Fábio Comparato coteja os controles internos e externos da sociedade, que podem influenciar diretamente nas decisões assembleares, em especial os últimos, quando a situação econômica e financeira da sociedade induz a uma "reorganização empresarial" necessária à sua recuperação. Finaliza, entretanto, enfatizando que "De qualquer modo, a definição do poder de comando é sempre feita em função da assembléia geral, que constitui a última instância societária".[30]

De resto, ressalvando observações que serão feitas ao final deste capítulo, correta a observação de que a assembléia pode ser considerada o poder supremo das sociedades anônimas, mormente se considerada sob o aspecto dogmático. Mesmo criticando a intermitência ou raridade de suas reuniões, com o deslocamento do poder, portanto, para os órgãos societários permanentes, como a diretoria e o Conselho Fiscal, reconhece-se que é a que "enfeixa maior soma de poderes"[31] e "sòmente nela é que os conflitos de interêsses podem ser solucionados, pelo menos, em princípio".[32]

Valverde repara que a assembléia não se confunde com a própria sociedade, mesmo que nela estejam reunidos todos os seus membros. Lembra que a vida da sociedade depende da reunião assemblear, mas ela "não atua, não se desenvolve, senão através do funcionamento regular de todos os seus órgãos." Acentua, citando Soprano, "que a assembléia geral tem poderes deliberativos, os administradores funções executi-

---

[29] COMPARATO, 1977, p. 24.

[30] Ibid., p. 25.

[31] MAGALHÃES, Roberto B. de. *A nova lei das sociedades por ações comentada.* Rio de Janeiro: Freitas Bastos, 1977. II v., p. 611.

[32] VALVERDE, 1959, v. 2, p. 84.

vas, e os fiscais de contrôle".[33] Comparato adere a esta abalizada apreciação e acrescenta que "Embora órgão máximo, ela não é o organismo; e aí vai mais uma das diferenças fundamentais entre o regime jurídico das anônimas e o das demais sociedades, em que falta essa estruturação orgânica".[34]

É esta, por conseguinte, a marca determinante da sociedade por ações: distinção dos órgãos deliberante, executivo e fiscalizador. Não se misturam os poderes próprios de cada um deles, mas deveriam funcionar harmonicamente, em defesa não só da sociedade como um todo, mas igualmente dos acionistas e demais interessados no progresso social, pois "Essa estrutura orgânica da companhia reproduz, no direito privado, a divisão de Poderes do direito constitucional, 'com o consectário de sua indelegabilidade'".[35]

Outra certeza é que sua vida é efêmera: "limita-se ao espaço de tempo no qual os acionistas nela se reúnem, discutindo e deliberando. Fora desse momentos é um órgão quiescente (...)".[36] Deve-se lembrar, no entanto, que permanecem e se perpetuam no tempo suas deliberações, que devem ser respeitadas e obedecidas pelo poder administrativo.

A natureza da deliberação assemblear vem expressa na lúcida interpretação de Tullio Ascarelli que, preliminarmente, observa que deliberar é formar a vontade de "um" sujeito, constituindo a vontade de "'uma' parte, sendo, por isso, um ato unilateral." Decorrendo esta vontade das manifestações de outras pessoas (sócios da anônima), estas se fundem naquela, que fica valendo como "manifestação única da parte, conforme as regras da maioria."

Prossegue:

> "As deliberações não são diretamente manifestadas aos terceiros; a deliberação diz respeito à 'formação' da vontade, não à sua declaração; os seus destinatários imediatos são os diretores, ou seja, o órgão executivo da sociedade; são eles que, por sua vez, comunicam a declaração aos terceiros". [37]

É verdadeira a afirmação, pois a assembléia não se comunica com terceiros.

Já a maioria que forma a "manifestação única", conforme Ascarelli, representa, na maioria das vezes, a vontade do controlador interno ou externo. A minoria acionária, portanto, fica relegada ao seu patamar de coadjuvante da grande representação teatral em que se transforma a

---

[33] VALVERDE, 1959, v. 2, p. 84.

[34] COMPARATO, op. cit., 1977, p. 16.

[35] FRANÇA, Erasmo Valladão Azevedo e Novaes. *Invalidade das deliberações de assembléia das S/A.* São Paulo: Malheiros Editores, 1999, p. 32.

[36] Ibid., p. 29.

[37] ASCARELLI, 2001, p. 532-533.

reunião dos acionistas, convocada para dar o colorido legal de que necessita o controle/administração.

Como se vê, a prática é uma e a teoria é outra. O dia-a-dia demonstra que para a atividade gerencial na condução dos negócios – e, como corolário, para a atribuição de lucros aos acionistas, notadamente nas sociedades por ações em que dominam os votos do controlador –, o efeito será tão-somente aquele que determinar a vontade do majoritário acionista ou grupo de acionistas.

Os embaraços causados aos acionistas minoritários pela lei ou pela atividade criativa dos acionistas interessados tão-só na manutenção do controle, ou concorrentemente por ambos, têm, paradoxalmente, matéria de confronto na própria lei, que oferece oportunidades à fiscalização daqueles primeiros, não obstante reconhecer-se que há dificuldades de encontrar espaços suficientes para a discussão assemblear, mesmo à mais atenta vigilância que possa ser exercida neste foro.

Talvez por essa mesma constatação – de que há espaços para discussão na assembléia – é que o legislador, na reforma da lei acionária, efetuada em 2001, introduziu modificações que, de certa forma e ainda que não explicitamente, alterou algumas sistemáticas que, na prática, poderão acarretar sérias conseqüências ao exercício do controle na reunião de acionistas.

Com estas alterações, e duvidando do poder que poderiam ter estes organismos, mesmo antes da reforma, Modesto Carvalhosa e Nelson Eizirik afirmam que os órgãos de administração e a assembléia geral saem do centro da decisão empresarial. Em seus lugares, entra um órgão não institucionalizado, antes já utilizado nos acordos de acionistas, e que os autores apelidaram de "reuniões prévias", porque para essas reuniões é que converge o verdadeiro lócus de poder:

> "Quem deter o maior número de votos dos componentes das reuniões prévias passa a ter poder efetivo e incontestável de mando nos negócios sociais, estabilizando-se o poder de controle, na medida em que não mais podem os minoritários, dentro do bloco de controle, obstar, pela abstenção do voto ou não-comparecimento, a plena eficácia das disposições constantes do acordo de acionistas".[38]

Ainda que o acionista minoritário possa estar descoroçoado por ter o legislador infligido mais esta *capitis diminutio* ao parlamento da sociedade por ações, passam pela assembléia geral algumas das condições apropriadas pela lei para o exercício da fiscalização pelo acionista minoritário. É preciso o exame de cada uma delas, visando a dar uma visão, ainda que restrita, por isso, sem o necessário enfoque primor-

---

[38] CARVALHOSA, Modesto; EIZIRIK, Nelson. *A nova lei das S/A*. São Paulo: Saraiva, 2002, p. 4.

dial, aos direitos dos acionistas quando da realização da assembléia geral, dando ênfase ao direito fiscalizatório.

1.4. Direitos dos acionistas minoritários na assembléia geral

A exposição que se realizou até este tópico demonstra que a administração não se deixa comover com facilidade, é pouco sensível aos reclamos da minoria, abafa-a nas suas opiniões, tudo com fundamento na pregação constante de que deve ser objetiva no trato das questões sociais – para usar uma suave expressão, substitutiva de cruel, dura, insensível, desumana – na busca dos objetivos da sociedade.

Vigora o princípio de que nada seria possível realizar se todos os acionistas pudessem fiscalizar/opinar a/sobre administração, gerando descontentamentos insuperáveis entre os investidores que pretendem somente os lucros e nada mais. A direção administrativa, por seu turno, perderia sua necessária liberdade de movimentos, de ação, na busca dos lucros ambicionados por todos, o que viria também em prejuízo dos próprios acionistas. Existe o outro lado da questão, que é o da proteção desses mesmos acionistas em uma contradição que parece insuperável. Talvez esteja na própria sociedade anônima, no sistema preconizado para o seu funcionamento, a resposta que se procura encontrar para a busca do equilíbrio entre estas duas partes aparentemente opostas.

As decisões assembleares, por isso, devem encontrar limites nos direitos e garantias individuais dos sócios, na lei e nos estatutos da companhia. Somente através do respeito a tais garantias, da constitucionalização que experimentam os diversos ramos do Direito e da quebra de algumas (tantas) estruturas, é possível antever algum direito a acionistas, assim considerados os cidadãos que investem nas companhias fechadas,ou abertas, controladas ou controladoras.

Apesar da rigidez com que as normas das assembléias, por exemplo, tratam os acionistas que possuem pouca ou nenhuma ingerência nas decisões que ditam os rumos e os objetivos sociais, seria viável uma instrumentalização que, ao mesmo tempo, garantisse o progresso da sociedade anônima, na obtenção do necessário lucro – fim primeiro –, bem assim a repartição da administração, abrindo-se um veio de comunicação na disputa minoritário x administrador através da possibilidade de maior fiscalização dos negócios sociais.

Construir-se-ia uma base para a crítica e, conseqüentemente, para a contribuição do acionista nos rumos da sociedade, deixando de lado o atual olhar oblíquo de um para outro, desconfiando-se mutuamente. Também seria abandonada a idéia de que o acionista minoritário estaria puramente interessado no lucro e só nele. Ora, uma administração capaz de envidar esforços no sentido da obtenção de maior lucratividade e também na oitiva de seus investidores – daqueles que confiaram na administração do empreendimento, em última análise –, abrindo-lhes a administração à sua vigilância, encontraria também o necessário equilíbrio entre direitos e obrigações de uma e de outra das partes envolvidas neste jogo de alta rentabilidade quando bem administrada/fiscalizada a empresa.

É neste mar revolto que navegam os direitos de fiscalização dos acionistas minoritários. Estes direitos estão previstos na lei e, não obstante possam ser exercidos de diversas formas, desembocam no plenário da reunião de acionistas e lá os seus votos, invariavelmente, decidem pouco ou, na prática, nada, como ficou patente nas anotações acima. Mas é de substancial importância arrolar tais prerrogativas para, depois, expressar a necessidade de uma interpretação que fuja dos primados hoje existentes.

Como primeiro deles, a faculdade prevista em lei de o acionista convocar e ser convocado para a assembléia geral, ainda que restrito seu direito de participação ou votação. Não obstante deixar de figurar como um dos direitos essenciais, é com este tom de fundamentalidade que deve ser encarado, porquanto na reunião assemblear é que se debatem os destinos sociais, como foro desejável de discussões abertas e onde se podem verificar os efeitos de uma democracia efetiva e direta, mesmo considerando a resistência aberta daqueles que não admitem a existência deste significado nas sociedades anônimas.

1.4.1. Ser convocado e convocar a assembléia geral

Há uma regra geral a ser seguida nas sociedades por ações, sempre que necessária a convocação da Assembléia Geral de acionistas. Diz a lei[39] que tal atribuição compete ao Conselho de Administração, sè houver, ou aos diretores, observado o disposto no estatuto social. Isso quer dizer que precede a convocação da reunião de acionistas decisão tomada pelos integrantes do conselho e, não havendo o órgão, aquele diretor – pode ser mais de um – indicado no regramento que conduz as relações sociais. Sem especificação interna nos estatutos, qualquer diretor pode realizar a convocação da assembléia ordinária ou daquela a ser realizada por conveniência da administração da companhia.

---

[39] Art. 123 e parágrafo único da Lei 6.404/76, com alterações ditadas pela Lei 9.457/97, que alterou a redação da letra "c" e acrescentou a letra "d", abrindo pouco mais ao acionista minoritário o seu direito fiscalizatório.

Desta incumbência, aliás, o diretor não especificado no estatuto para a convocação da assembléia não pode omitir-se, caso aquele indicado não a convocar. É que o dever de acompanhar a administração é de todos e a responsabilidade também. O art. 158, § 2º, prevê a solidariedade pelos prejuízos causados em virtude do não-cumprimento dos deveres impostos por lei para assegurar o funcionamento normal da companhia, ainda que, pelo estatuto, tais deveres não caibam a todos eles.

Se o estatuto indicar o diretor que poderá convocá-la, mas esse não a promover nos prazos estabelecidos na lei ou no estatuto, tal atribuição poderá ser exercida pelo Conselho Fiscal. Aquela mesma responsabilidade e solidariedade inerente ao diretor inespecífico – no caso de omissão – transfere-se para o Conselho Fiscal na hipótese de retardamento da convocação da assembléia pela administração pelo prazo de trinta dias. Aos membros do órgão de fiscalização são atribuídas as obrigações resultantes de eventuais danos causados por essa omissão.

Colocadas como protecionistas dos direitos minoritários estão as letras *b, c* e *d*. Por estas temos que qualquer acionista pode convocar a assembléia se houver o retardamento da reunião prevista em lei ou no estatuto social por mais de sessenta dias; também aqueles que representem 5% do capital social, quando não houver o atendimento de pedido de convocação, devidamente fundamentado, no prazo de oito dias; e por acionistas que representem 5%, no mínimo, do capital votante, ou 5% dos acionistas sem direito a voto, quando os administradores deixarem de atender o pedido de convocação de assembléia para instalação do conselho fiscal.

O art. 291 delega à Comissão de Valores Mobiliários a possibilidade de reduzir esta porcentagem mínima, mediante a adoção de escala em função do valor do capital social. Com isto pode-se estancar aumentos desmesurados do capital, sem a contrapartida – por qualquer motivo – dos acionistas minoritários que, assim, veriam seu investimento reduzido na mesma medida em que fosse aumentando o investimento dos majoritários, reduzindo ainda mais a influência na fiscalização pela igual e proporcional diminuição das possibilidades de convocar a assembléia geral.

É um bom começo, mas não se tem mostrado suficiente. Ocorre que aquelas empresas que captam o dinheiro de investidores populares e possuem ações em bolsa, têm capital maior que o máximo da escala. E esta, por sua vez, não acompanha a dinâmica dos negócios, ficando defasada no tempo e na progressiva desvalorização monetária. Inexorável a conclusão de que na mesma medida do crescimento da empresa anônima, crescem as dificuldades de fiscalização das minorias.

Nas empresas estatais ou naquelas em que a União mantém interesses, compete à Procuradoria da Fazenda Nacional promover a convocação, utilizando-se do permissivo do art. 123, parágrafo único, letra *c*, isto é, quando os administradores não cumprirem com a obrigação de convocar a reunião assemblear, no prazo de oito dias, se instados a fazê-lo, mediante pedido fundamentado.[40]

O modo de convocação das assembléias obedece ao rito estabelecido no art. 124. De ordinário, toma-se a publicização do ato convocatório, mediante anúncio veiculado por três vezes no órgão oficial da União, do Estado ou do Distrito Federal, conforme o lugar em que esteja situada a sede da companhia, e em outro jornal de grande circulação editado na localidade em que está situada a sede da companhia. Ao acionista integrante do quadro social de empresas fechadas e que possua 5%, ou mais, do capital social, a lei concede o direito de ver-se convocado através de telegrama ou carta registrada, desde que tenha solicitado tal providência à companhia, mediante condições: solicitação por escrito; indicação do endereço completo; prazo de vigência do pedido não superior a dois exercícios sociais; e possibilidade de renovação permanente, pois não existe limitação na norma.

Justifica-se a abertura, tendo presente a necessidade de dar-se a mais ampla publicidade aos atos de convocação, bem assim evitando-se a convocação feita através de jornais de pouca circulação ou de circulação restrita à localidade onde será realizada a assembléia. Apesar de a exposição de motivos da Lei 6.404 afirmar que esta providência facultada na lei vem em proteção ao acionista minoritário, fica claro que a limitação a acionistas que representarem 5% "ou mais" do capital social, exclui aqueles que detêm parcelas menores, em aberta e insofismável discriminação. Não existe qualquer motivo para que ocorra a segregação. Nas companhias abertas, em que existe a pulverização acionária, talvez; todavia, nas companhias fechadas em que o número de acionistas é menor, não há causa plausível.

A desobediência ao pedido formulado importará na responsabilização dos administradores, dando ao acionista prejudicado a faculdade de promover a competente ação de indenização, visando a obter o ressarcimento dos prejuízos experimentados.

A necessidade de convocação mediante avisos ou por carta ou telegrama – mesmo com o pedido expresso – deixa de existir pelo comparecimento espontâneo de todos os acionistas na assembléia. É o que diz expressamente o § 4º do mesmo artigo 124, que considera regular a assembléia geral a que comparecerem todos os acionistas, mesmo os que estejam privados do direito de voto.

---

[40] Decreto 89.309/84, art. 9º, §1º, III, que, basicamente, dispõe sobre a competência da Procuradoria-Geral da Fazenda Nacional para exercer a representação da União nas assembléias gerais e promover a defesa e o controle dos interesses da Fazenda Nacional junto às empresas estatais.

Todas essas exigências legislativas servem ao chamamento do sócio – qualquer sócio – para participar da assembléia geral. De nada serviriam, não houvesse a lei também indicado de que forma se daria esta participação no parlamento da sociedade. E os objetivos legais prestigiam o exercício da fiscalização, permitindo aos acionistas que possam debater as questões que deram causa à convocação da assembléia geral.

1.4.2. Discussão da matéria em pauta

Estabelecidas as diretrizes que comandam esta reunião de acionistas, instalada a assembléia geral com a observância das determinações legais, a presença dos acionistas minoritários abre ensanchas a que eles possam participar da discussão da matéria em pauta. Com ou sem voto, oferece-se ao acionista a oportunidade de debater a matéria colocada na ordem do dia da reunião assemblear.

Dado que se exige determinado número de ações para a instalação da assembléia, o acionista não-controlador, muitas vezes, pode ser importante para o fechamento deste valor. Mas, esta questão há muito vem sendo preocupação da doutrina, pois em um país como o nosso, onde o desinteresse pelo destino das sociedades por ações é notável, não é novidade alguma afirmar que o acionista minoritário destaca-se pelo absenteísmo das assembléias.

Causada por essa anomalia, a própria lei propõe a instalação da reunião de acionistas com qualquer número, em segunda convocação. E a presença de acionistas fora do rol dos que comandam/dominam a sociedade torna-se vital para a fiscalização dos negócios sociais, pois, como já visto, as decisões serão tomadas e expressarão a vontade de todos, vinculando às suas decisões igualmente aquele que não participou da assembléia e tomou parte nas discussões.

"Mesmo sem voto o acionista deve participar das discussões da assembléia geral, confrontando interesses, discutindo as matérias, tendo, assim, possibilidade indireta de determinar o interesse comum e atual da companhia" – adverte Modesto Carvalhosa, apoiado em Dominique Schmidt.[41] Portanto, ainda que falho o mecanismo, diante da impossibilidade concreta de mudar as diretrizes já traçadas pelos acionistas controladores, é por este meio, segundo se colhe da manifestação do autor citado, que a vontade social emana da coletividade dos associados.

O direito de voto não se sujeita ao direito de tomar parte na discussão da matéria que está na ordem do dia. Um e outro são

---

[41] CARVALHOSA, 1997, v. 2, p. 567.

distintos, pois o acionista poderá participar, contestar, defender e impugnar questões atinentes à administração, mesmo que suas ações não contenham o direito de participar das votações.

A participação na assembléia – e, como conseqüência, a discussão da matéria que está na pauta – pode ser considerado um direito fundamental do acionista. Ripert assegura que não seria possível impor a subscrição de um certo número de ações para assistir à assembléia, daí por que é uma cláusula usual, na sua expressão.[42]

Mas há uma questão que merece ser tratada com atenção, pois sobre o acionista, seja ele detentor do direito de voto ou não, paira uma ameaça constante: o de ter seus direitos suspensos pela assembléia geral, na hipótese de deixar de cumprir obrigação imposta pela lei ou pelo estatuto, cessando a suspensão logo que cumprida a obrigação. Em conseqüência, pode-se concluir que um dos direitos a serem suspensos será o de comparecer à assembléia e discutir a matéria em pauta. Isto porque este direito não está incluído no rol de direitos essenciais do acionista, retirando-se, por conseguinte um dos trunfos legais que o minoritário tem na legislação pertinente.

A participação e discussão é sumamente importante para o acionista minoritário. O não-comparecimento às assembléias gerais, ainda que somente para discutir a matéria colocada na ordem do dia, levando suas angústias e preocupações, acarreta prejuízos inimagináveis ao seu direito de sócio, diante da possibilidade de tomada de decisões sem quaisquer restrições apostas em ata e pela liberdade outorgada aos administradores/controladores/majoritários para que discutam livremente questões que poderiam interessar aos minoritários.

Se não comparecer, a própria lei oferece condições para que o acionista tenha possibilidade de fazer-se representar na assembléia através de mandato outorgado a terceiros. Ou, no mesmo diapasão, também exibe possibilidade de ele mesmo (acionista) arrebanhar procurações de outros acionistas que lhe propiciem melhores condições políticas de atuação na reunião assemblear.

1.4.3. Representar e ser representado na assembléia

O comparecimento do acionista na assembléia torna-se importante na medida em que possa colocar à massa de outros acionistas as questões que porventura colidam com os seus direitos ou, em algumas hipóteses, vão de encontro aos propósitos daquela união de esforços em busca do fim lucrativo do empreendimento a que todos aderiram.

---

[42] RIPERT, 1954, v. II, p. 286.

Ou seja, é através deste mecanismo que também podem ser colocados em ação os direitos de fiscalização.

Ripert aventa ser impossível reunir milhares de acionistas de uma sociedade em assembléia geral. Por outro lado, afirma não ser desejável que a aquisição de uma ou duas ações permita uma pessoa intervir na assembléia, sobretudo, quando esta aquisição somente obedece ao propósito de procurar-se um direito de crítica. Defende, então, a validade da exigência estatutária de um certo número de ações para assistir e votar nas assembléias gerais.[43] Prevê a possibilidade de reunião de pequenas parcelas acionárias em um conglomerado para, mediante representação por mandato, fazer-se ouvir e votar nas assembléias.

Em virtude dessa situação, entre os direitos dos acionistas e que se relacionam com a fiscalização, sobreleva o de solicitar relação de endereços dos demais investidores, a fim de possibilitar que um (ou mais de um) possa fazer pedido de procuração àqueles. A previsão legal do art. 126, § 3º, oferece a oportunidade a qualquer acionista, detentor de ações, com ou sem voto, que represente meio por cento, no mínimo, do capital social, de tomar tal providência. E ela revela-se animadora para quem pretende exercer seu efetivo direito de fiscalização na assembléia geral.

Com o constante e crescente absenteísmo dos acionistas às assembléias, de pronto vê-se a importância que assume providência dessa natureza, pois a reunião de grande quantidade de pequenos acionistas pode oferecer também maior possibilidade de contrapor-se a idéias e tentativas de arruinar direitos dos minoritários.

A representação por mandato nas sociedades por ações não tinha a mesma importância hoje obtida, em especial pelas regras introduzidas pela lei de 1976 e alterações fixadas em 1997. Segue a tendência do direito comum, de que qualquer pessoa pode defender e administrar interesses ou praticar atos em nome de outro. Por isso, alerte-se que este instrumento legal pode vir a ser utilizado também na defesa dos interesses dos grandes acionistas, ou até, de terceiros.

É o chamado controle externo da sociedade, a ser exercido por quem seja interessado na obtenção de decisões assembleares que venham em seu exclusivo benefício. É o caso dos administradores que também têm interesse em manter o poder através do controle do voto preponderante das assembléias de acionistas. Estes podem, via procuração, manter-se no poder, sem necessidade de obter o controle acionário da empresa, fenômeno este que tem sido utilizado com freqüência nos Estados Unidos, mostrando-se incipiente no Brasil. Nasce na própria estrutura da companhia, fruto do conhecimento

---

[43] RIPERT, 1954, v. II, p. 337-338.

tecnológico dos que detêm a administração e da larga experiência na condução dos negócios sociais, além da natural ascendência sobre os subordinados. Tavares Guerreiro chama atenção para mais esta distorção significativa do modelo legal da sociedade por ações, a proporcionar a "instituição de uma dominação burocrática em que a crença na legitimidade, de forma mais intensa, depende da estrutura formal da sociedade anônima e dos mecanismos legais capazes de assegurar o domínio".[44]

Existente o mecanismo legal, conforme a previsão do art. 126, §§ 1º e 2º, logrando os administradores a coleta de tantos instrumentos de mandato quantos bastem ao domínio da assembléia geral, mantém-se o controle em mãos de pessoas que sequer são titulares de ações – hipótese não descartável. Claro que é indispensável o apoio da maioria dos acionistas, pena de não ser viável esta forma de dominação. A este equipamento legal, por óbvio, também têm acesso os acionistas minoritários. É o necessário equilíbrio posto à disposição dos demais integrantes da sociedade, oportunizando o alcance da mesma nominata utilizada pelos administradores.

Comparecendo pessoalmente, representando ou sendo representado, o acionista minoritário não conseguirá qualquer intento se não possuir o indispensável controle das informações sobre o andamento dos negócios sociais. A complexidade com que se reveste hoje uma sociedade comercial, mormente quando possui ações cotadas em bolsa, gera uma série de informações que precisam ser repassadas aos acionistas. Por causa disso, tem o acionista minoritário o direito de buscá-las, para que isso lhe possibilite exercitar a fiscalização de forma mais abrangente.

1.4.4. Obtenção de informações do administrador

O tema de informações não pode ficar restrito ao sentido privatístico das relações, própria do caráter individualista que foi implantado no século XIX. Por isso, na doutrina portuguesa, muito a propósito, Pinheiro Torres chama a atenção para a necessidade de se institucionalizar a informação, dando-lhe uma feição maior, de controle externo das sociedades. Esta é uma exigência do mercado, não só dos acionistas, dado o grande impulso que tomaram as sociedades anônimas no contexto industrial e comercial do mundo todo. A legislação que se cria em seu derredor justifica:

---

[44] GUERREIRO, 1984, p. 78.

"(...) momento de *disciplina publicística da informação*, a extravasar o âmbito meramente interno e a confirmar a superação de uma concepção contratualista da sociedade pela consideração de uma visão institucional, hoje bem revelada no impressionante número de normas imperativas que constituem a disciplina normativa das sociedades comerciais na legislação da generalidade dos países".[45]

Para aquelas sociedades alheias ao mercado de valores mobiliários – como é o caso da maioria das empresas brasileiras –, a idéia-força[46] que conduz à necessidade de informações está localizada na tutela dos direitos das minorias, individualmente considerados. Reforça-se tal percepção na observação que se faz das outras utilidades do direito de informações, qual seja, a de obter dados para futuras ações judiciais contra diretores ou membros do conselho fiscal e, "mais genericamente, para acompanhar a vida da sociedade e sua gestão, o sócio tem de estar informado e correctamente informado."[47]

Destinadas, especificamente, para facilitar a fiscalização dos negócios sociais pela assembléia geral, Modesto Carvalhosa vai longe no prestígio que dá às informações prestadas aos acionistas, citando lições de De Gregorio e Ripert-Roblot:

"Entende-se, com respeito aos acionistas, que as informações financeiras e negociais que a companhia deve prestar-lhes constituem pressuposto do direito dos sócios de participar da deliberação da assembléia geral, tendo em vista a formação de sua vontade consciente. Entende-se mais que, se não houve a necessária e correta informação, haverá uma formação irregular da vontade social. Em conseqüência, o fundamento do regime de informação é o próprio voto do acionista".[48]

O que deve ficar manifesto é que qualquer acionista tem direito a obter informações dos administradores, em especial aqueles dados que servirão de fundamento para as discussões durante a assembléia geral. Por eles poderá o acionista – independente do volume de participação acionária ou da qualidade de suas ações, se com ou sem direito a voto – exercer o seu direito de fiscalização dos negócios sociais. Na companhia aberta ou não, os fatos administrativos haverão de vir à tona, para possibilitar ao acionista ter uma perfeita visão da adequabilidade dos lucros que lhe são/serão destinados.

---

[45] TORRES, Carlos Maria Pinheiro. *O direito à informação nas sociedades comerciais*. Coimbra: Livraria Almedina, 1998, p. 18.

[46] Expressão do mesmo autor para mostrar a orientação jurídico-legal que impera quanto ao problema.

[47] TORRES, op. cit., p. 21.

[48] CARVALHOSA, 1997, v. 2, p. 671.

O direito de voto será exercido por um número limitado de sócios, mas a discussão poderá ser estabelecida por todos que tiverem acesso às informações. Por isso, o maior número de dados disponibilizados para os associados propiciará uma visão mais ampla da situação dos negócios da sociedade. A transparência dos negócios vem sendo pregada há muito tempo; urge colocá-la em prática.

Os arts. 133 e 157, da Lei 6.404/76, tratam desse tema de relevância, ao preverem a obrigação de os administradores colocarem à disposição dos acionistas os documentos pertinentes às informações financeiras e negociais da companhia. Não obstante a diferença entre ambas – porquanto as financeiras dizem com a situação das demonstrações contábeis em geral, aí incluindo, além das demonstrações financeiras, mais os lucros ou prejuízos apurados e as origens e aplicações de recursos, e as negociais digam respeito aos atos e fatos relevantes nas atividades da companhia – Modesto Carvalhosa aponta para a interação existente entre as informações deste quilate,[49] daí por que devem ser examinadas em conjunto.

O relatório da administração sobre os negócios sociais e os principais fatos administrativos do exercício findo, a cópia das demonstrações financeiras e o parecer dos auditores independentes, se houver, são os documentos que ficam à disposição dos acionistas, conforme comunicação que deve ser feita com até um mês de antecedência da data marcada para a realização da assembléia geral ordinária, como dispõem o art. 133 e seus parágrafos. Mercê das dificuldades de exame desses papéis, plenos de informações técnicas e complexas para a maioria dos acionistas da empresa, pode o acionista pedir, por escrito, que a companhia remeta cópias deles para o endereço que indicar.

Demonstrando mais uma das contradições da Lei 6.404/76, todavia, somente os acionistas que detêm 5% ou mais do capital social é que podem solicitar a documentação referida. Primeiro, porque os acionistas minoritários com percentual abaixo de 5% não podem pedir os documentos para melhor exame; segundo, porque também aqueles que detêm mais do que os exigidos 5% são discriminados, porquanto aos maiores acionistas tais informações serão enviadas independente de qualquer pedido. Isto é, serão os próprios controladores os que receberão as importantes informações sobre os negócios sociais sem qualquer formalidade. Por isso, como afirma a melhor doutrina, trata-se de um verdadeiro e grosseiro simulacro de direito, pois os minoritários, em geral, jamais poderão beneficiar-se desse regime de informações.[50]

Pior ainda é a situação dos pequenos acionistas (aqueles menores ainda que os possuidores de 5%). Portadores de mínimo número de

---

[49] CARVALHOSA, 1997, v. 2, p. 670.

[50] Idem, p. 679.

ações em relação ao capital, não têm qualquer proteção legal. Devem contentar-se com a verificação destes complicados documentos técnicos na companhia, em local ou locais indicados pela administração que, a bem de ocultar verdades a respeito da condução dos negócios, pode dificultar a vista das demonstrações contábeis e financeiras. Se nas pequenas empresas a situação assim pode ficar, nas grandes mostra-se caótica, até pelo grande número de acionistas que poderiam, em tese, procurar o local onde estivesse à disposição a documentação legal.

Na situação absenteísta que caracteriza o acionista minoritário, o sistema objetivaria, quando honestamente implantado, atingir os pequenos acionistas, mantendo-os informados da situação financeira e negocial da companhia. Nessa linha, como reconhece Carvalhosa, "Entre nós, a medida não tem esse alcance, sendo quase de nenhuma utilidade para acionistas minoritários que se beneficiarão dela somente no caso de companhias pequenas. Já nas grandes sociedades, a medida é, na prática, inaplicável."[51]

Ampliando a questão sob exame, a reforma da lei acionária de 2001 incluiu a obrigatoriedade de colocar à disposição dos acionistas o parecer do conselho fiscal, inclusive eventuais votos dissidentes, bem assim os demais documentos que digam com os assuntos colocados na ordem do dia, com aquela antecedência de 30 dias, prevista no *caput* do art. 133, sem, evidentemente, autorizar a publicação desses documentos. Reforça-se, em conseqüência, a disposição de dar-se maior visão das atividades financeiras da sociedade, inclusive dando a conhecer acidental dissenso entre os conselheiros fiscais.

No art. 157 e seus parágrafos, prevê-se a obrigação de o administrador da companhia aberta revelar à assembléia geral ordinária, a pedido de acionistas que representem cinco por cento ou mais do capital social, o número de valores mobiliários de emissão da companhia ou de sociedades controladas, ou do mesmo grupo, que tiver adquirido ou alienado, diretamente ou através de outras pessoas, no exercício anterior. Também as opções de compra de ações que tiver contratado ou exercido no exercício anterior. Ainda, os benefícios ou vantagens, indiretas ou complementares, que tenha recebido ou esteja recebendo da companhia e de sociedades coligadas, controladas ou do mesmo grupo. Igualmente as condições dos contratos de trabalho que tenham sido firmados pela companhia com os diretores e empregados de alto nível. Genericamente termina afirmando que estes acionistas poderão pedir informações – e o administrador obrigado a prestá-las – de quaisquer atos ou fatos relevantes nas atividades da companhia.

Tais informações são visivelmente destinadas a dar ao acionista minoritário a possibilidade de acompanhar a administração da compa-

---

[51] CARVALHOSA, 1997, v. 2, p. 679.

nhia, em atendimento aos legítimos interesses da sociedade ou do próprio acionista, daí a ressalva feita de que os solicitantes que desviarem estas intenções responderão pelos abusos que praticarem. No que pertine às empresas coligadas, as informações desse jaez possuem o nítido objetivo de prevenir eventuais abusos que, prejudicando a empresa administrada, virá em benefício das outras sociedades das quais o administrador fizer parte.

Claro que a lei não poderia deixar ao inteiro alvedrio dos acionistas o fornecimento dessas informações. Para tanto, introduziu dispositivo a ensejar a recusa de mostrar esses atos ou fatos, genericamente considerados, relevantes nas atividades da companhia, se entenderem que sua revelação porá em risco interesse legítimo da companhia. Caberá, então, à Comissão de Valores Mobiliários, a pedido dos administradores, de qualquer acionista, ou por iniciativa própria, decidir sobre a prestação de informação e responsabilizar os administradores, se for o caso, tendo presente que a responsabilidade, neste caso, é pessoal de cada um dos dirigentes.

O direito de ter informações, de regra, vem da própria atividade e está regulado na lei das sociedades por ações. Também em geral o direito de obter informações é de todo e qualquer acionista, individualmente, mas restrito àquelas situações que estão legalmente previstas. A fiscalização destas informações é da Comissão de Valores Mobiliários, porquanto, além dos acionistas, todo o mercado de valores mobiliários tem interesse no conhecimento do maior número de dados a respeito do andamento dos negócios e das finanças das sociedades compostas de acionistas anônimos. Dá-se tamanha importância para estas informações, que a lei penal afirma constituir crime cominado com a pena de reclusão de um a quatro anos, se não verazes, e podem resultar na nulidade da assembléia geral em que se as falsearem.

Ao lado destas observações, necessário afirmar que o direito à informação está intimamente ligado ao direito de fiscalizar. Ora, como este último insere-se entre os direitos essenciais dos sócios, também a obtenção de informações deve ser considerada como fundamental, justamente para o exercício daquele. Fiscalizar sem informações é como não fiscalizar, porque os dados fornecidos é que servirão de esteio à discussão que poderão travar os sócios durante a assembléia geral, podendo, então, contrapor-se à forma como a administração está conduzindo a companhia. Assim como o lucro, a fiscalização e, como conseqüência imediata, o direito à informação, são direitos inalienáveis dos sócios da companhia, não podendo, todos, ser objeto de qualquer provação por parte da assembléia ou do estatuto social.

Os direitos de fiscalização e informação são inderrogáveis e irrenunciáveis, pois são "exigências mínimas fundamentais da vida e organização sociais," embora no ensinamento italiano o direito à informação não respeita a estrutura íntima da sociedade, daí por que considerado apenas mais um direito reconhecido ao sócio e derrogável por esta natureza. Fundamenta-se a primeira num alargamento do critério de direito inderrogável – equivalente, para nós, aos direitos essenciais previstos em lei – para qualificar o direito à informação como tal, pois assim se estaria assegurando a permanência, na disponibilidade do sócio, "de direitos que impedem a hegemonia dos sócios maioritários, conferindo-lhes instrumentos eficazes contra a condução da vida social por forma contrária ao interesse geral e ao serviço de interesses particulares das maiorias."[52]

A despeito das falhas legislativas brasileiras, tem-se como saudável o sistema de fornecer informações aos acionistas minoritários, pois possibilita a discussão da administração, mesmo que a eles não seja dado o direito de voto nas assembléias gerais. O debate, portanto, é o instrumento à disposição – e mais eficaz – para tornar públicas as mazelas encontradiças na administração dos negócios sociais.

Pode acontecer que os administradores e/ou controladores não liberem informações tão completas quanto aquelas necessárias a bem ver o andamento dos negócios sociais ou para constatar claramente qual a situação financeira/contábil da empresa. Outra disposição constitutiva de direitos é a participação do acionista minoritário no Conselho Fiscal. Através dele, pode-se penetrar mais profundamente nos negócios sociais e obter informações mais precisas.

1.4.5. Direito de pedir à assembléia geral a instalação do conselho fiscal

A inquietação dos estudiosos no assunto das sociedades anônimas e, especialmente, da fiscalização dos minoritários ao controle exercido pela maioria do capital social e pela administração da companhia, tem proporcionado levantar uma série de questões interessantes, que culminam, nas mais das vezes, em alterar a sistemática prevista na lei. Não obstante os atrasos que aportam tais modificações, a prática tem demonstrado que sempre há uma boa perspectiva de acontecerem avanços.

Demonstra-se isso desde a primeira manifestação escrita de existência de fiscalização de acionistas na administração, continuando com o decreto surgido na última década do século XIX, e depois com a Lei 2.627/40, que melhor elaborou e simplificou as atribuições de um órgão específico para fiscalização. O atual sistema também demonstrou o progresso experimentado no século XX.

---

[52] TORRES, 1998, p. 293.

Com efeito, a possibilidade de fiscalizar o controlador – considerado em ambos os sentidos: o que exerce o controle acionário e o que exerce o controle da administração – coloca o acionista minoritário com a possibilidade de repartir a regência da companhia com a diretoria e o conselho de administração, tanta pode ser a influência que eventualmente exercerá ao ocupar um dos cargos do Conselho Fiscal.

Acentua-se, entre as prerrogativas dos acionistas minoritários, aquela que permite a proposição de instalação do órgão fiscalizador, sem necessidade de motivação – bastando a dissidência e um determinado número de ações – e sem que seja preciso constar do edital de convocação da assembléia.

Porém, mesmo diante desses privilégios, a matéria pode ensejar discussões acirradas, em especial quando da composição do Conselho Fiscal, ocasião em que as manobras do controlador poderão frustrar a iniciativa de instalação do órgão, com vistas à fiscalização de atos da administração.

Não se deve retardar a transformação legal que possibilite fazer-se do Conselho Fiscal e de suas decisões, órgão de efetiva proteção ao exercício de fiscalização do acionista minoritário. Não compraz com a transparência exigida em deliberações que versem sobre interesses de menores acionistas a pouca importância dada ao instrumento único que possuem para tal mister.

A matéria será objeto de ampla revisão em capítulo destinado exclusivamente ao tema Conselho Fiscal. Tanta é sua importância, que não caberia apenas em um item do trabalho, como até agora exposto, apesar de se poder expô-lo a críticas, por considerá-lo um órgão inoperante, substituível por profissionais externos e independentes, em face da inutilidade de seus pareceres. De qualquer sorte, junta-se aos demais ingredientes colocados homeopaticamente ao dispor dos acionistas minoritários.

1.5. Considerações críticas e a relevância da interpretação não-dogmática para a proteção dos direitos dos acionistas minoritários na lei ordinária

O sistema legal brasileiro longe está de proteger o acionista minoritário, considerado como tal aquele que não possui qualquer ingerência na administração da sociedade. A afirmação de que a lei societária é protecionista a esta gama de sócios é equivocada, porquanto a influência somente passa a contar a partir de um determinado número de ações e não contempla os que possuem pequenos lotes. Sobre não gozarem de qualquer proteção, ainda convivem com a dispersão ocasionada pela falta de oportunidades de melhor conhecerem a forma como é administrada a sociedade. Passam, então, a importar-se somente pelo lucro, com baixo interesse sobre a maneira como é obtido e se poderia ou não ser aumentado este ganho de capital.

Ascarelli encontra justificativa nesta atitude dos acionistas na facilidade para o emprego do dinheiro e na falta de tempo e capacidade técnica para cooperar na administração da empresa. Acrescenta que "Podem-se contar como numerosos os modestos subscritores que afluem às sociedades anônimas com as suas economias, em razão da própria pequenez destas lhes não permitir um emprêgo direto em negócios comerciais por êles mesmos dirigidos".[53] Na visão externada afirma ainda que a sociedade anônima concilia a unidade de comando com a participação de elevado número de pessoas, agilizando a administração. Mas é através deste mecanismo, segundo o mesmo autor, que nascem os abusos.

Deificada a regra de que a assembléia geral decide tudo pela maioria das ações, mesmo os defensores da continuidade do purismo dessa reunião, como os que a consideram somente pela quantidade de dinheiro envolvida, haverão de concordar que o sistema é antidemocrático e que será necessária uma revisão dos paradigmas adotados. Os mecanismos criados não foram suficientes até agora para que se tenha uma abertura maior aos acionistas minoritários, com vistas à obtenção da média da vontade de todos eles. Assim como está, sequer esta eqüidistância dos pontos extremos se consegue. Com efeito, apenas repara-se a superioridade de uma das extremidades e ela fica longínqua da outra, observando-se que a velocidade com que se procura a aproximação é pequena, pachorrenta, sem sinais visíveis de aumento.

Um sistema aberto, transparente, sem necessidade de ser protetivo, mas sensível à possibilidade de fiscalização da administração, seria a saída viável para a situação que hoje enfrentam estes acionistas, sem que isto impeça ou embarace a liberdade de movimentos necessários à agilidade da administração. Nega-se a retirada do comando do grupo controlador, é certo, mas qualquer fenda que se abra à fiscalização do pequeno investidor terá como conseqüência retirá-lo do sacrifício de só investir, sem saber, exatamente, o que acontece na administração da sociedade.

O fato de poder participar da assembléia não é o bastante, porque maquiagens introduzidas no balanço podem induzi-lo em erro e levar um grande número de acionistas a aprovar contas sem a mínima condição de aprofundar a discussão. A par de prejuízos ao seu investimento, atitudes desse jaez podem ser alinhadas àquela bruxu-

---

[53] ASCARELLI, Tullio. Usos e abusos das sociedades anônimas. *Revista Forense*, Rio de Janeiro: Revista Forense, LXXXIII, 1941, p. 18.

leante figura criada pelo prof. Bruschettini, citado por Ascarelli, para reproduzir o metediço nas sociedades anônimas: "o intruso era o acionista singelo, o pobre rei de opereta da soberana assembléia".[54] Ou seja, para que se ofereça, com efetividade, direito de discutir a matéria em pauta, deve-se também oferecer oportunidade a que coloque matéria em discussão na ordem do dia, de sua exclusiva iniciativa, pois a limitação das assembléias à discussão do que está em pauta, inibe o acionista a promover o debate de questões de interesse das minorias.

Outra situação que pode ser criada pelo acionista controlador e em detrimento, até, da participação do pequeno acionista na assembléia, retirando-lhe o pouco que tem – que é a participação na reunião de acionistas, mesmo sem direito a voto – é aquela que permite a suspensão dos direitos. Nascente na lei anterior, a regra vigora no art. 120 da atual, e recebeu severas críticas da doutrina, apesar de fartamente elogiada por Trajano de Miranda Valverde. Diz o principal mentor da lei de 1940 que "O dispositivo visa manter a harmonia dentro da corporação ou a restabelecer o equilíbrio nas relações entre a sociedade e seus acionistas, perturbado por ação ou omissão de seus membros".[55] Quer-se, assim, fazer valer a necessidade de manter o bom nome e a fama da sociedade no meio em que brota, produz e lança seus produtos, assegurando que se entorpeçam eventuais campanhas de acionistas menos escrupulosos.

Mesmo considerando o elevado conceito de que goza o emérito doutrinador, a idéia, como posta na lei passada e repetida na presente, não poderia vingar. A generalidade com que a matéria foi tratada abre vaga às mais descontroladas oportunidades de afastar este ou aquele acionista que simplesmente discordar da maioria. Ainda que se possam tecer elogios à visível tendência protecionista ao bom nome da empresa, resta evidente a contradição aos direitos dos acionistas sujeitos à regra.

A fórmula pode converter-se em fonte de abuso e em regra de perseguição, tendente a demonstrar o propósito adverso ao principal objetivo da lei, qual seja o de proteger os direitos dos acionistas minoritários. Ora, se os direitos essenciais foram criados para conter os arroubos das assembléias facciosas e infladas de arbítrio, com isso podendo deter as deliberações majoritárias caprichosas, não poderia a lei criar sistema de afastamento do acionista do exercício de seus direitos próprios.

Mesmo que afastado o fantasma da suspensão dos direitos do acionista, de nada adianta permitir a participação dele na assembléia e fazê-lo discutir a matéria se sua vociferação não tiver um resultado

---

[54] ASCARELLI, 1941, p. 23, Cf. em MYERS, *in History of the great american fortunes* (...).

[55] VALVERDE, 1959, v. 2, p. 76.

concreto. O direito de voto qualificado para certas matérias de interesses dos acionistas com pequeno – ou até insignificante número de ações – deveria ser conseqüência do direito de voz. É a pretensão defendida com interesse por Clusellas, que afirma a necessidade de dar voz e voto a todos os acionistas nas assembléias sociais: "solo la concurrencia de circunstancias especiales determinarán, que ciertos accionistas gocen de un mayor número de votos que outros".[56] E este número maior deve ajustar-se a determinados limites que a lei fixar.

Mas a nossa lei sequer cogita de incluir o direito de voto entre os direitos essenciais dos acionistas, o que o tornaria inderrogável pelo estatuto, evitando-se a suspensão de direitos, que dirá oferecer oportunidade de votação por pessoa, sem consideração ao número de ações, ainda que em determinadas matérias.

As tímidas manifestações legislativas, como a de oferecer oportunidade a que o acionista minoritário possa pedir procurações aos demais acionistas, revelam-se sem utilidade prática. A falta de confiança em pessoas muitas vezes desconhecidas da maioria silenciosa – minoria acionária = maioria de pessoas – e o desinteresse demonstrado na administração societária, permite concluir pela impossibilidade de pôr mãos neste maquinismo engendrado em combinação com o Direito Civil.

Outra hipótese a ser encarada é a proibição de os administradores ou prepostos destes exercerem o direito de voto através de mandatos outorgados por acionistas que, revelando o mesmo desinteresse, firmam procurações sem finalidade específica. Podem até conferir poderes específicos, mas a desinformação leva-os a serem ilaqueados na boa-fé que demonstram. Ora, mesmo que estes gestores não possuam maioria na assembléia, com este artifício poderão aprovar contas e demonstrações financeiras e sociais que bem entenderem.

O direito de informações somente será eficaz para a fiscalização se também verificável a exatidão dos elementos informados aos acionistas. Somente com essa condição de possibilidade é que poderá o acionista confiar na imagem exata da sociedade e dos fatos mais relevantes que dizem respeito à administração. Todavia, como já afirmado anteriormente, a complexidade dos dados e o caráter técnico da informação retira a confiabilidade cega dos acionistas, necessitando, não raras vezes, socorrer-se de peritos contábeis e/ou técnicos em administração que farão a fiscalização de fora para dentro.

Esta atitude a ser tomada pela minoria, além de ser dispendiosa, acarreta a necessidade de ingresso dos técnicos na empresa e o acesso deles aos documentos a fim de verificar a veracidade das informações,

---

[56] CLUSELLAS, Eduardo L. Gregorini. *La protección de las minorías em las sociedades anónimas.* Buenos Aires: Abeledo-Perrot, 1959, p. 67.

o que pode ser barrado pela administração. A fiscalização feita de dentro para fora, através do representante da minoria no Conselho Fiscal, por exemplo, seria de maior utilidade, e os custos correriam por conta da sociedade, obrigada a colocar um técnico à disposição dos conselheiros. Sobre este importante organismo posto à disposição da minoria, renova-se a remessa a capítulo especial, adiante.

As noções clássicas das sociedades por ações estão expostas, também, nos ditames a serem seguidos pelos minoritários para o exercício da fiscalização, como deu para perceber nas linhas acima. São pontos fundamentais e, no dizer de alguns, indiscutíveis, e que garantem os princípios que norteiam esta engenhosa criação humana. Só que tais princípios não são aqueles que respeitam, por exemplo, os direitos da pessoa; são governados, indiscutivelmente sim, pelos princípios econômicos.

Os preceitos, como não poderia deixar de ser e ficam demonstrados nas críticas doutrinárias, carregam defeitos inevitáveis. Pode-se, todavia, eliminar os postulados imprecisos, mediante a revisão de questões pontuais que estão embaraçando os direitos dos minoritários e mantendo os dos majoritários. Esta equação, aliás, está mal resolvida, pois acarreta uma extrema dificuldade de ordem racional, por decorrer exclusivamente de um raciocínio obtuso, contrário a qualquer pensamento social: a proteção da chamada maioria acionária beneficia pequenos grupos econômicos, enquanto a proteção da chamada minoria traria benefícios a uma extensão maior de pessoas, espargindo riquezas.

Esta outra visão é necessária para a feitura da lei societária. Cada vez mais observa-se a marca dos grandes conglomerados econômicos na condução das políticas sociais/governamentais de determinadas cidades, estados ou países. Existem comunidades inteiramente dependentes destas grandes empresas, estrategicamente localizadas para extrair a força produtiva dos que necessitam viver na circunvizinhança. Muitos também habilitam-se como sócios/acionistas e sofrem as conseqüências. Somente através da lei é que se chegará a conquistas outras que não estas insignificantes vitórias obtidas pelos minoritários.

Sabe-se que a lei também tem sua concepção dogmática, fundamentada nos costumes do país, nas legislações estrangeiras e, principalmente, nos movimentos sociais que se formam em busca de melhores soluções para questões que nos são constantemente postas, não são solvidas e continuam como objeto de discussão. Esta é a questão das minorias. Soluções fundadas no dogmatismo reinante não atenderão minimamente aos reclamos da grande massa de acionistas minoritários.

O que ocorre hoje no direito brasileiro ligado às sociedades por ações é fruto desta compreensão dogmática. Contudo, compete ao Estado, como o poder legitimante que exerce o controle das sociedades por ações, reverter esta situação, mediante a edição de legislação mais consentânea com a realidade que se mostra aos olhos da perplexa população de acionistas banidos da fiscalização das empresas.

Nessa perspectiva é que nasce a necessidade de o Estado oferecer soluções que melhor adaptem estas questões teóricas, hoje sem qualquer probalidade de superação através dos meios existentes. A criação legislativa tem-se mostrado tímida, talvez temerosa de desagradar aos detentores do poder, mesmo porque de difícil identificação no emaranhado de sociedades controladoras e controladas.[57]

Como ultrapassar a barreira que normalmente os defensores da iniciativa privada antepõem à criação de novos caminhos condutores à fiscalização do acionista? Ganha dimensão este problema na perspectiva de que não se pode tratar de forma igual os desiguais (acionistas investidores e controladores). É possível defender a aplicação de princípios que justifiquem considerar inconstitucionais as alterações que visem a prejudicar os direitos dos acionistas minoritários? São questões a serem respondidas no capítulo que segue.

---

[57] Por toda a doutrina que trata da matéria, ver COMPARATO, 1977, *passim*, para melhor entender esta engenharia em rede, que, pela complexidade, se torna incompreensível se não depois de acurado exame das diversas combinações intersociais.

2. Controle estatal nas sociedades anônimas

2.1. A evolução do Estado e a evolução das sociedades anônimas

Na moldura atual da política neoliberal e do mercado globalizado, há uma forte tendência em desconectar a atividade privada da pública, manifestada através das constantes observações de que o Estado deve preocupar-se com suas funções, deixando aos particulares puxar a economia. No entanto, a história revela que sempre houve conexão entre as atividades privadas e o Estado, pela qual este manifesta suas políticas públicas, de forma a estabelecer uma necessária equação com vistas à proteção das instituições políticas, jurídicas e econômicas. Dentro dessa perspectiva, as sociedades anônimas exerceram importante papel no desenvolvimento do Estado.

Jesus Rubio, que se reporta a Joaquin Garrigues, tece considerações sobre as repercussões políticas na concepção e disciplina da sociedade anônima. Inicia assinalando as conexões entre o Estado e esta figura de aspecto puramente mercantilista em dois sentidos: ao tratar dos sistemas internos e externos da sociedade anônima e ao ocupar-se de sua organização como corporação ou instituição, em especial o reflexo do regime político no qual a sociedade anônima vive e opera. Conclui que as sociedades por ações ficam envolvidas pelo condicionamento de todo fenômeno sociológico, econômico, jurídico e também científico e artístico; pela organização política e, por fim, pela ideologia e as concepções filosóficas e morais que as sustentam.[58]

A história mostra esta contextualização, e a comparação pode ser vista nas companhias dos séculos XVII e XVIII, em que a sociedade só poderia funcionar mediante concessão do poder público (*octroi*), e que resulta impregnada da concepção do Estado mercantilista pela obser-

---

[58] RUBIO, Jesus. *Curso de Derecho de Sociedades Anónimas*. Madrid: Derecho Financiero, 1964, p. 5. Observa ROCHA, Leonel Severo. *Epistemologia jurídica e democracia*. São Leopoldo: Ed. Unisinos, 1998, p. 64, que "Toda crítica, para ter um mínimo de eficácia, deve apoiar-se em um determinado instrumental epistemológico, para poder fornecer, apesar da contingência associatiava, uma certa coerência lógica interna do texto crítico."

vação de duas tendências: de uma parte a unificação interna, em que se impõem os objetivos do Estado novo em um campo econômico homogêneo frente à velha organização feudal e municipal; de outro, a utilização de forças econômicas a serviço do poder direto do Estado frente a outros Estados.

O desenvolvimento do regime liberal ao longo do século XIX e a tendência à adoção do Estado de Direito como superação do Estado de Polícia, impulsionam à supressão das autorizações governamentais, substituídas por um sistema de normas gerais que garantem a ordem e a eficiência das sociedades anônimas. Estabelecem-se duas bases: uma série de disposições rígidas que compensem a limitação da responsabilidade e um sistema de publicidade, este último não só para a constituição da sociedade, mas também para os atos mais importantes da vida social dali para diante.

Todas as transformações por que passaram as sociedades anônimas eram um reflexo da situação política da Europa, em que predominava o princípio das desigualdades de direitos sociais. Aos acionistas majoritários, o direito de eleição dos administradores e decisão sobre os assuntos principais da gestão social; para os demais acionistas, os assuntos sociais tinham pouco menos que o caráter secreto. A criação da assembléia geral foi a forma encontrada de melhorar um pouco a situação dos acionistas minoritários e criar um sistema que permitisse o direito de fiscalizar o regime de contas. A democratização da sociedade anônima somente aparece com a supressão do sistema de *octroi*, com a independência frente ao Estado e a igualdade de direitos entre os acionistas, exaltando-se a AG à dignidade de órgão soberano, que funciona debaixo da rigorosa aplicação do regime de maiorias; na vida interna da sociedade rege o princípio da igualdade de direitos para todos os acionistas. É uma pessoa privada, mas adota as características de um pequeno Estado. É um tipo curioso: busca o lucro, tem fins privados, mas a organização chega próximo do tipo jurídico da pessoa de Direito Público. A figura do sócio passa a ser representada pelo que possui de capital, e não pelo que é pessoalmente.[59]

Mas, novos fatos ocorrem e há necessidade de a sociedade anônima adaptar-se a eles: os fatos não mais correspondem à letra da lei, ou seja, há um divórcio entre a esfera do *ser* (fatos) com a do *dever ser* (Direito). Ainda em outras palavras, haveria um Direito acionário legislado e Direito acionário vivo. Há a quebra do princípio liberal e democrático em novos fatos do direito vivo das sociedades anônimas. Enquanto em suas relações internas configura-se um regime aristocrático, como no seu começo, em suas relações externas, com o Estado, vai perdendo sua

---

[59] GARRIGUES, Joaquín. *Nuevos hechos, nuevo Derecho de sociedades anónimas*. Madrid: Editorial Revista de Derecho Privado, 1933, p. 13, 17 e 18.

significação privada para converter-se em um órgão do Estado e submetido à sua constante intervenção, sem que isto tenha significado a supressão de sua forma mercantilista.[60]

Em qualquer das situações envolvendo a evolução do Estado via-se, com nitidez, a intervenção pública na formação e nas relações internas das sociedades anônimas, com a gradativa retirada da mesma intervenção na efetivação nos negócios externos, no cumprimento do objeto social, que passaram, assim, a ser essencialmente privados e a obedecer inteiramente os ditames do mercado.

A retrospectiva no Brasil é feita por Valverde,[61] e a conclusão que daí resulta não foge à regra do cotejo antes feito, pois verifica-se que na história política e econômica do país as transformações do Estado também exercem influência sobre as sociedades. No Império, decorrente da intensa movimentação de mercadorias pela navegação da época, e também pela observação que se pode fazer dos interesses em jogo, reunindo os benefícios que Portugal, Holanda, Espanha ou França, em ocasiões diferentes, buscavam no Brasil, eram expedidos decretos ou alvarás que davam condições para explorar as riquezas da nossa terra, criando companhias ou simplesmente concedendo privilégios para elas.

Na República, seguiram-se outras manifestações partidas do governo e que delineiam os princípios das sociedades anônimas, bem assim a fisionomia com que passam a ser reconhecidas. Continuam as criações de companhias autorizadas a funcionar mediante alvará ou decreto, e seus objetivos retratam também ou a atividade política do Estado do mesmo período, ou a necessidade econômica de ser incentivada determinada atividade. Obedecendo a este esquema, os governos dos períodos de ditadura criaram no País várias empresas sob o domínio acionário do Estado, ou sob sua forte influência, que se dedicavam às mais variadas atividades industriais ou comerciais, desde hotéis de luxo até grandes siderúrgicas, passando por petróleo, telecomunicações, fornecimento de energia elétrica, água potável, esgotos sanitários, enfim, uma gama de atividades incentivadas sob os mais variados argumentos, sendo os dois principais o incremento de determinados segmentos econômicos ou a chamada questão de segurança nacional.

---

[60] GARRIGUES, 1933, p. 28.

[61] VALVERDE, Trajano de Miranda. *Sociedade por ações*. Rio de Janeiro: Forense, 1953. 1 v., p. 26 e 10. Na nota 1 o autor alude às *societates publicanorum*, como de mais remota origem das sociedades anônimas com preponderância do interesse público, sem, no entanto, fixá-las como as iniciadoras do sistema, mas simplesmente análogas ao sistema. Eram organismos encarregados de explorar os "contratos de obras públicas, fornecimentos e exação dos tributos arrematados. Durante o período da exploração não era admitida a ação de divisão entre os sócios, e a sociedade não se dissolvia com o falecimento de qualquer dêles. Ia nisso o interêsse do Estado. As Ordenações do Reino, 1, 4, t. 44, consignam a exceção do direito romano."

Também da época do Império pode-se encontrar a primeira manifestação escrita da intervenção do Estado quando, para a formação das sociedades anônimas, era necessária a regulação desta atividade. Apareceu a forma publicística e intervencionista no Decreto 575, de 10 de janeiro de 1849, não obstante a proibição da Constituição do Império (art. 173, § 24) de restringir qualquer espécie de trabalho, de cultura, ou de indústria e comércio. Para contornar esta dificuldade, o então Ministro da Justiça do governo de então argumentava que

> "A legitimidade dessa intervenção da autoridade deriva, não da natureza da indústria, que se pretende exercer, mas da forma da sociedade anônima; da necessidade que tem o público de certificar-se se o fim da sociedade é lícito; se os capitais anunciados existem realmente; se são proporcionais à emprêsa a que se destinam; se os estatutos de tais associações oferecem aos acionistas, cujo concurso reclamam garantias morais, meios suficientes de fiscalização".[62]

Reforço doutrinário sobre esta necessidade de intervenção estatal encontra-se em Alfredo Russell:

> "Tendo em vista os abusos e fraudes possíveis de serem praticados nas sociedades anônimas em relação aos acionistas e a terceiros, entendeu-se que os poderes públicos deviam intervir na fundação e vida das sociedades para tutelar os direitos e interesses nela comprometidos".[63]

A história das companhias no Brasil segue no passar do tempo com a legislação contemplando a necessidade de dar um caráter de interesse coletivo às sociedades anônimas que se formavam, mas excluindo a autorização governamental para só ligá-la ao objeto da companhia, como se verificava com as operações de banco, de seguro, de capitalização, que mantinham vigorosa interferência na economia nacional, sem abandonar a possibilidade/necessidade da contínua intervenção.

2.2. A intervenção estatal na formação e desenvolvimento das relações internas das companhias

A sociedade por ações pode optar pela captação da poupança popular e só não escolhe esta forma se e quando o mercado não lhe é favorável. Atraídos pela obtenção de lucros através do investimento em companhias rentáveis, o grande ou o pequeno investidor acorre às

---

[62] VALVERDE, 1959, v. 2, p. 22.

[63] RUSSEL, Alfredo. *Direito Commercial*. 2. ed. Rio de Janeiro: Jacintho Ribeiro dos Santos, 1928. 1 v., p. 307.

empresas de capital aberto – no caso, através da compra e venda de ações em bolsas – ou fechado – que não afasta a categoria do investimento acionário –, daí surgindo o interesse público na regulamentação das sociedades que recebem este extenso numerário. Grandes capitais podem ser objeto deste jogo, e a tentação a práticas desonestas passa mil vezes pela mesa de administradores menos escrupulosos, ensejando a necessidade de um rigoroso controle estatal.

Nesse passo, a intervenção do Estado se dá no âmbito privado e, por vezes, tem sido execrada pelos defensores da liberdade total nos empreendimentos de iniciativa privada. É, todavia, de manifesta utilidade, não obstante o termo *intervenção*, sob ponto de vista doutrinário, ser foco de discussão, justamente por estes que abominam a ingerência estatal nos negócios privados. Há que se fazer distinção – que parece óbvia – entre intervenção nos negócios realizados nos interesses eminentemente privados e a intervenção na forma de condução destes negócios.

Com habitual acerto, Eros Grau acentua que o Estado não pratica intervenção quando realiza serviço público ou regula a prestação de serviço público. Pratica intervenção quando atua em área de titularidade do setor privado; atuação do Estado expressa significado mais amplo: pode ser na esfera do privado ou do público. Em termos mais específicos e destinados ao estudo que ora se realiza, a intervenção no campo da atividade privada tem sentido estrito, enquanto a atuação estatal tem aplicação no campo da atividade tanto pública como privada e, por isso, possui este prefalado sentido amplo.[64]

Esta atuação estatal em sentido estrito, na forma de intervenção, se fez sentir com mais vigor na atividade econômica e, em outro corte, no regime dos contratos – desimportando se se está tratando de sociedades por ações sob o ponto de vista da teoria contratualista ou institucionalista, ou como acentuado por Calixto Salomão Filho, na teoria moderna do contrato-organização[65] – pois os contratos estão se transformando

> "em condutos da ordenação dos mercados, impactados por normas jurídicas que não se contêm nos limites do Direito Civil: preceitos que instrumentam a intervenção do Estado sobre o domínio econômico, na busca de soluções de desenvolvimento e justiça social, passam a ser sobre eles apostos".[66]

---

[64] GRAU, Eros Roberto. *A ordem econômica na Constituição de 1988* (Interpretação e crítica). São Paulo: Malheiros, 2002, p. 130-131.

[65] SALOMÃO FILHO, Calixto. *O novo direito societário*. São Paulo: Malheiros, 1998, p. 33ss. Este autor constrói a teoria identificando o interesse social ao interesse à melhor organização possível do feixe de contratos envolvidos pela sociedade, o que poderá resultar tanto na obtenção de maior lucro (teoria contratualista), como no interesse à preservação da empresa (teoria institucionalista original), mas sem identificação plena com qualquer um deles.

[66] GRAU, 2002, p. 132-133.

Deve-se convir, no entanto, que apesar da reclamação e da resistência que se verifica nos meios empresariais/controladores das sociedades anônimas e dos defensores das políticas neo ou ultraliberais,[67] o Brasil pratica ainda o sistema de constante intervencionismo na preservação da empresa. Não foi sempre assim, pois não obstante a prática consumada de intervenção estatal, as sociedades por ações obtiveram alguns avanços, independentemente de qualquer obra legislativa, como é o caso da criação das ações preferenciais, que no Brasil, como de resto em outros países, "constituíram prática empresarial, germinativa, originária dos interesses negociais, que se antecipou a qualquer previsão legal".[68] Ou no caso da chamada governança corporativa, matéria a ser examinada no capítulo 5 deste trabalho.

De outro lado, a justificar ainda esta atitude intervencionista, a disposição constitucional do art. 170 contém uma nova ordem econômica, que a distingue pela constante intervenção do Estado, determinada no seio da Constituição dirigente. Eros Grau defende que este dispositivo constitucional necessita de uma leitura mais atenta, pois ao leitor perplexo, afirma, o art. 170 trata da ordem econômica como "modo de ser", pois inexiste conotação com a ordem jurídica da economia:

"Analisado porém com alguma percuciência o texto, o leitor verificará que o art. 170 da Constituição, cujo enunciado é, inquestionavelmente, normativo, assim deverá ser lido: as relações econômicas – ou a atividade econômica – *deverão ser* (*estar*) fundadas na valorização do trabalho humano e na livre iniciativa, tendo por fim (fim delas, relações econômicas ou atividade econômica) assegurar a todos existência digna, conforme os ditames da justiça social, observados os seguintes princípios (...)".[69]

Apesar da ambigüidade das expressões, alerta Eros Grau, o intérprete não se enredará no texto do art. 170, que, projetado nas normas que a ele sucedem, pode ser completado nos seguintes termos:

"a *ordem econômica* deverá estar fundada na valorização do trabalho humano e na livre iniciativa, tendo por fim assegurar a todos existência digna, conforme os ditames da justiça social, observados

---

[67] O termo "ultraliberal" é utilizado por FORRESTER, Viviane. *Uma estranha ditadura*. São Paulo: Unesp, 2001, *passim*, para significar uma política econômica que está além da economia, caracterizando um "novo regime" que segrega, maltrata e escraviza pela obtenção de lucro desmesurado, mas que está amparada em uma estrutura de aparente democracia.

[68] PENTEADO, Mauro Rodrigues. Ações Preferenciais. In: LOBO, Jorge (Org.). *Reforma da Lei das Sociedades Anônimas – inovações e questões controvertidas da Lei n. 10.303, de 31.10.2001*. Rio de Janeiro: Forense, 2002, p. 188.

[69] GRAU.2002, p. 57.

determinados princípios (atendidas as normas que se seguem, que compõem a *ordem econômica*)".[70]

Esse mesmo autor segue afirmando que por essa construção transparece, então, que a ordem econômica é parcela da ordem jurídica e tomada "como o conjunto de normas que define, institucionalmente, um determinado modo de produção econômica." Este conjunto de normas, nas manifestações constitucionais liberais, nada mais era que espelho da ordem econômica praticada no mundo real. Mas, uma transformação se dá no momento em que o mundo do dever-ser as impõe, implementando as políticas públicas e, com isso, aprimorando a ordem econômica (mundo do ser), visando à sua preservação: "Que essa transformação, no mundo do ser, é perseguida, isso é óbvio." Por isso o autor retorna ao exame do art. 170 para afirmar que "A *ordem econômica liberal* é substituída pela *ordem econômica intervencionista*".[71]

Justifica-se a intervenção na busca do perfeito entrelaçamento do que é público e privado. Se de um lado, a sociedade anônima obedece a uma estrutura negocial privada na condução externa dos seus negócios, de outro, a dignidade da pessoa impõe a intervenção estatal na organização interna, em obediência também à própria função social que a atividade privada exerce:

> "Na vigente Lei de Sociedades por Ações, por exemplo, admite-se que a toda companhia cabe uma função social a desempenhar, sendo o acionista controlador o garante desse desempenho. Compete-lhe agir em prol dos interesses dos demais acionistas, dos que trabalham na empresa e da comunidade na qual esta se insere (art. 116, parágrafo único). Há, por conseguinte, interesses internos e externos à empresa, que devem ser respeitados e satisfeitos, no desenvolvimento da atividade empresarial. Internamente, o dos investidores de capital (acionistas e outros titulares de valores mobiliários, como se lê, mais abrangentemente, no art. 117, § 1º), assim como o dos trabalhadores em qualquer nível. Externamente, os interesses coletivos da "comunidade", que podem dizer respeito à própria economia nacional (art. 117, § 1º, *a*)".[72]

A esta função agrega-se a necessidade de o Estado aderir e praticar as mudanças que se impõem na própria atividade empresarial. Mas, a transformação exigida é de compostura e não de, inovadoramente, pretender-se mudar/terminar com o capitalismo, mas tão-só compelir o Estado "a refinar o desempenho das funções, pelas quais responde,

---

[70] Ibid., p. 57.

[71] Ibid., p. 61-63 (grifos do autor).

[72] COMPARATO, Fábio Konder. *Direito empresarial*. São Paulo: Saraiva, 1995, p. 11.

de integração e modernização e de legitimação capitalista, o que supõe a implementação de políticas públicas".[73]

Assim, deve ser sobrelevada a importância das sociedades por ações também pelo interesse despertado no Estado, pois isto superpõe o interesse coletivo na persecução do bem comum aos interesses individuais egoístas dos sócios. E a multiplicidade de atuação gera, inexoravelmente, efeitos sobre a economia do país onde atuam: os administradores passam a ser consultores governamentais, o aumento no preço de seus produtos tende a gerar resultados em outros setores da economia, a despedida de empregados desequilibra os índices de desemprego, a queda de preço das ações arruina o mercado de capitais e assim por diante. Quer dizer, as decisões partidas do seu âmbito interno – em princípio restrito – resultam em lucros ou prejuízos para a população inteira, em âmbito externo portanto, e em princípio aberto.

Disso resulta o inevitável efeito da intervenção estatal e todas as demais conseqüências que daí decorrem, como, por exemplo, as modificações que se deram nas sociedades por ações como resultado das alterações na organização do Estado, como exposto no item antecedente. Estas influências podem ser sentidas também hoje, quando no país vigora o Estado Democrático de Direito. Não resta qualquer dúvida que há uma forte tendência para quebrar a blindagem que envolve a sociedade por ações, para fazer penetrar no seu âmbito os ditames do contrato social, político e jurídico que foi proposto e aceito pela sociedade a partir de outubro de 1988.

Hoje, por dispositivo inserto na Carta Federal, qualquer iniciativa de formação empresarial é livre, pois assim dita o artigo 170, e, conforme o parágrafo único, "independentemente de autorização de órgãos públicos, salvo nos casos previstos em lei." Há que se atentar, todavia, para a alta dose de interesse público que se vê nas sociedades anônimas e a necessidade de conformar-se as relações dos administradores/controladores das companhias com os que aderem aos seus empreendimentos, deixando-se mais à lei do que ao estatuto regular tais associações. Assim, pode-se afirmar que é livre a iniciativa do empreendimento, mas sujeitam-se à lei as correlações entre as várias camadas sociais formadas dentro desta empresa.

A complexidade destas relações fez também surgir uma complexa legislação, modificada ao sabor das necessidades, por vezes de proteção do capital, outras, dos acionistas, com prevalência daquele. No dizer de Celso Barbi Filho,

"O desenvolvimento do capitalismo e das grandes empresas esteve sempre a reclamar uma estrutura jurídica mais versátil e impes-

---

[73] GRAU, 2002, p. 64.

soal, capaz de reunir e conciliar interesses diversos como a necessidade de captação de recursos, o desejo de investir e o poder de mando".[74]

Acrescente-se, por dever impositivo do desenvolvimento desta pesquisa, o interesse do acionista minoritário e a fiscalização efetiva como estruturas também reclamadas.

Alcançar o equilíbrio entre tantos interesses sempre foi um desafio para o legislador, em especial diante da dinâmica das relações societárias e de interesse da economia do país. Tentou-se, mais uma vez, com a edição da recente reforma da lei das sociedades por ações, através da Lei 10.303/01, atrair os bons fluidos da fiscalização dos acionistas minoritários, possibilitando-lhes a eleição de representante no Conselho Fiscal, a ter acesso às informações, suscitando dúvidas sobre o andamento dos negócios e "criando uma paridade entre preferencialistas e ações ordinárias, de tal molde a diluir o poder de controle e o absenteísmo das assembléias das companhias".[75]

Foi pouco, mas reconheça-se válida a tentativa, não obstante o balanço que Carvalhosa e Eizirik fazem de que as alterações na lei societária registraria "um empate entre controladores e minoritários". Estes porque obtiveram alguns ganhos significativos, porém menores do que esperavam, e os controladores porque perderam algum valor em suas participações majoritárias, mas não viram o poder de controle substancialmente enfraquecido.[76]

Todavia, nem por isso fica desatualizada a doutrina de Waldirio Bulgarelli de que o aumento dos riscos inerentes às sociedades anônimas modernas, com o "incremento da cisão entre a propriedade e o controle (risco e poder), e as variadas formas de concentração societária, como a concentração em cadeia, as participações recíprocas e as inúmeras formas hoje conhecidas," impuseram a "intervenção cada vez maior do Estado na estrutura e funcionamento da sociedade anônima".[77] Nela está principalmente a garantia dos terceiros, assegura Valverde.[78]

Certamente é também a garantia dos que aderem ao empreendimento com suas economias, notadamente aqueles que, desprotegidos de maior fortuna, ficarão em posição subalterna na administração das sociedades. Ou, quiçá, não terão chances de qualquer intervenção

---

[74] BARBI FILHO, Celso. *Acordo de Acionistas* Belo Horizonte: Del Rey, 1993, p. 20.

[75] ABRÃO, Carlos Henrique. Direito das Minorias. In: LOBO, Jorge (Org.). *Reforma da Lei das Sociedades Anônimas – inovações e questões controvertidas da Lei 10.303, de 31.10.2001.* Rio de Janeiro: Forense, 2002, p. 251.

[76] CARVALHOSA, Modesto; EIZIRIK, Nelson. *A nova lei das S/A.* São Paulo: Saraiva, 2002, p. 3.

[77] BULGARELLI, Waldirio. *Regime Jurídico da proteção às minorias nas S/A.* Rio de Janeiro: Renovar, 1998a, p. 25.

[78] VALVERDE, 1953, v. 1, p. 26.

perante os órgãos que compõem a regência da grande empresa. Aqui deve estar o princípio para a intervenção do Estado, no sentido de garantir maior participação do acionista na administração, ou melhor, na fiscalização do exercício gerencial, pois na sociedade anônima, como na organização estatal, tem-se como fracassado o princípio da democracia pura. Agora, se esta tendência democratizante poderia ser adotada nas sociedades por ações e se traria algum contributo para a fiscalização é matéria a ser desenvolvida em seqüência.

2.3. A equalização dos direitos essenciais dos acionistas e o controle estatal

Os direitos dos acionistas minoritários com relação à fiscalização da administração não têm contornos nítidos na legislação brasileira e, de resto, em outros sistemas legislativos. Se de um lado oferece alguma abertura aos minoritários, de outro os retira, numa relação plena de contradições e paradoxos. Desde o surgimento da primeira manifestação nacional a respeito, passando pela normatização de 1945, e chegando na Lei 6.404/76 e nas esparsas modificações que esta última sofreu ao longo do tempo, dizia-se sempre que o significado delas era de que se passava, agora sim, a proteger os interesses dos minoritários.

Necessitando equalizar direitos e obrigações dos controladores/majoritários e administradores com os dos minoritários e, em conseqüência, com o mercado de valores mobiliários, reconhece-se a difícil missão reservada ao legislador. A busca do equilíbrio e do ideal preconizado para a associação destas duas idéias aconselharia também a transigência de um lado e de outro. E não é para menos, pois a proteção da economia nem sempre está ligada à proteção dos grandes grupos de minoritários – ao contrário, no Brasil chegou-se ao cúmulo de retirar direitos dos sócios minoritários em benefício da instauração de um regime de privatizações das empresas públicas ou de economia mista, em visível benefício a pequenos/poderosos grupos interessados que, logo depois, tornaram-se controladores dessas sociedades. O auge do abuso legislativo foi editar lei que excluiu o direito de recesso dos acionistas que discordassem das operações de fusão, cisão ou incorporação, de eficácia duvidosa diante da garantia de preservação deste direito.

Seria exatamente em sentido contrário a este caminho, aquele que o legislador deveria trilhar, como aconselha Tullio Ascarelli:

"Usos e abusos das sociedades anônimas nascem assim de um mesmo parto: ambos, por assim dizer, constituem as duas faces da mesma medalha. A dificuldade do legislador reside, pois, em reprimir os abusos sem comprometer os usos, em impedir os inconvenientes sem embaraçar as úteis funções da instituição, ou pelo menos em limitar estas últimas com cautela, de modo a obter o máximo resultado com o mínimo de prejuízo. Pode-se dizer que toda a história das sociedades anônimas, quer quanto à sua disciplina legislativa, quer quanto à evolução das praxes dos estatutos, é uma constante procura de soluções para esta antinomia, soluções que, como todas coisas humanas, nunca podem ser senão provisórias e em função das diversas condições e das várias economias dos vários países".[79]

Como se vê, é difícil uniformizar direitos nesta complicada equação, mas procura-se demonstrar neste trabalho que não é impossível alcançar a igualdade. A questão que se apresenta é se o empresário nacional estaria disposto a abrir sua guarda, entendida esta (guarda) mais no sentido de autopreservação de privilégios do que de proteção ao seu investimento, que seria preservado e preservada a administração pelo controlador/majoritário.

Longe está o país de ingressar na senda dos que se interessam pela geração de novos direitos dos minoritários, alicerçados em um conjunto de concepções próprias do domínio de um grupo social dominador e que não se aparta dos limites que se impôs e impõe aos demais, pela força econômica.

Algumas atitudes poderiam ser tomadas, a iniciar pela fundamentação de uma nova teoria de proteção dos minoritários, pelo incremento da fiscalização da administração/controle, sob o peso argumentativo dos direitos individuais, considerados na sua mais pura acepção constitucional. Afirma-se, com segurança, que esses não podem ser desobedecidos e que possuem nítida relação com os direitos dos acionistas. Isto é, à lei das sociedades por ações – e de resto, qualquer disposição legislativa que trate sobre sociedades privadas – não é dado o privilégio de estabelecer critérios de participação acionária ou de dispor sobre decisões intersócios em prejuízo dos princípios e regras constitucionais reservadas à proteção dos direitos pessoais. São inseparáveis os direitos individuais dos acionistas – minoritários em especial – dos direitos fundamentais previstos na Constituição, sendo aqueles inspirados nestes.

Por isso, na companhia de Modesto Carvalhosa, afirma-se que "Não têm razão aqueles que não os consideram comparáveis, alegando que os direitos individuais dos acionistas são eminentemente pecuniários." Explica-se pelo simples fato de que a Constituição mostra direitos e garantias individuais que possuem igualmente prerrogativas

---

[79] ASCARELLI, Tullio. Usos e abusos das sociedades anônimas. *Revista Forense,* Rio de Janeiro, LXXXVIII, 1941, p. 20.

de caráter patrimonial, como no art. 170, e porque os direitos individuais dos acionistas também incluem prerrogativas pessoais, como os de fiscalizar a administração. "Têm, por conseguinte, os direitos individuais dos acionistas um caráter eminentemente político, no sentido amplo do termo".[80]

Seria o caso de aplicar-se às sociedades por ações os princípios da democracia política? Giovanni Sartori quer a democracia da seguinte forma: como legitimidade, como efetivamente um consenso verificado e não presumido dos cidadãos; como exercício, o poder se legitima pelas eleições livres e periódicas (a democracia participativa não seria eficaz nos anos atuais, daí por que a democracia indireta não seria obstáculo); a democracia como ideal acima de tudo, pois entende que democracia como é não é a democracia como deveria ser. Reconhece a democracia ideal como a do autogoverno, de maior igualdade, nascida da tensão social, rapidamente estendida a todos os segmentos, que vai contra a correnteza, contra as leis da inércia que governam os aglomerados humanos. Por isso conclui que sem a democracia ideal não existiria a democracia real. Mas, como transformar esta democracia de "dever ser" em "ser"? É a distinção entre a democracia descritiva da democracia prescritiva.[81]

Transpondo a questão assim colocada para a sociedade por ações, como democracia descritiva temos, por exemplo, a participação do acionista minoritário na assembléia geral, ou no Conselho Fiscal elegendo um dos membros; mas como democracia prescritiva – a que efetivamente tem valor na concepção dogmática – com direito a voz, sem direito a voto, ou no órgão de fiscalização, em minoria diante da maioria do controlador. Sem contar que, na assembléia de acionistas, sua valorização é nenhuma.

É uma inversão do princípio democrático, mas nem por isso pretende-se estabelecer novos parâmetros que invertam totalmente o sistema, com a adoção somente da teoria institucionalista e a idéia de prevalência do interesse público. Há uma tendência a considerar que essa teoria pode chegar a destruir o próprio sistema acionário, pois a sociedade quando chega neste ponto está prestes a ser socializada, ou, ao menos, a ser controlada externamente por um pesado sistema a cargo dos órgãos administrativos ou judiciários. Ao fim e ao cabo, as decisões das assembléias gerais estariam sujeitas à equiparação dos votos, negando-se o princípio majoritário.

Garrigues constatava, na década de trinta, que existiria – como marca de uma nova sociedade por ações, a partir do fim do liberalismo

---

[80] CARVALHOSA, Modesto. *Comentários à Lei de Sociedades Anônimas*. São Paulo: Saraiva, 1997. 2 v., p. 288.

[81] SARTORI, Giovanni. *Elementos de Teoria Política*. Madrid: Alianza Editorial, 1999, p. 31.

– uma socialização da sociedade anônima – em seu aspecto externo – com a debilitação do propósito de lucro e o constante intervencionismo do Estado. O autor afirma, no entanto, que não quer a socialização da empresa (que, a seu ver, na medida em que vai crescendo, vai sendo socializada), mas sim tentar encontrar um termo de igual distância entre os extremos:

> "Lo que hoy se intenta es conciliar la racionalidad del principio socialista con la autonomía del liberalismo, conservando de éste, en lo posible, la valiosa iniciativa de empresa y el estimulo ligados al espiritu de lucro del hombre medio. Y justamente en el campo de las sociedades anónimas se observa mejor la plena realización de esta síntesis entre la tesis individual capitalista y la antítesis socialista colectivista".[82]

Por isso, nem tanto à democracia pura, com a participação indiscriminada de todos, nem tanto à oligarquia, como governo de poucos em detrimento dos demais, como forma de estabelecer uma perfeita harmonia entre os interesses em jogo dentro das sociedades anônimas.

Giovanni Sartori urgencia a necessidade de uma retrospectiva histórica e filosófica, uma busca de origens e fundamentos sobre o que era desde os gregos a proposta de um governo democrático, para que o exercício da política encontre novamente seu significado matriz, seu rumo. E, principalmente, para deslindar a confusão entre os termos "monopólio da maioria" e "democracia", pois não são termos afins.[83]

O cidadão completo previsto na democracia dos antigos resulta em uma hipertrofia da política que corresponde a uma atrofia da economia. O cidadão total criava um homem desequilibrado. Disso se depreende que a democracia indireta – representativa – não é só uma atenuação da democracia direta, é um corretivo. E apresenta duas vantagens do governo representativo: (a) um processo político todo tecido por mediações permite escapar das radicalizações elementares dos processos diretos; e (b) a participação, que não é total, segue sendo representativa e subsiste como um sistema de controle e limitação do poder.[84]

Nas sociedades por ações, no entanto, este poder está demasiadamente concentrado naqueles que detêm o controle acionário ou o controle da administração, ou ambos. Significa dizer que nem a democracia representativa pode ser identificada nas sociedades por ações. Isto gera a improdutividade do direito de fiscalização das minorias acionárias. Para que não se persiga um modelo utópico, com

---

[82] GARRIGUES, 1933, p. 37.

[83] SARTORI, Giovanni. *Teoria Democrática*. Rio de Janeiro: Fundo de Cultura, 1965, p. 78.

[84] SARTORI, 1999, p. 34.

todos os perigos decorrentes da radicalização de idéias, aos direitos majoritários de controle e governo, impõe-se a contrapartida de dotar-se a minoria de mecanismos próprios à derrubada de decisões que podem resultar em prejuízo da própria empresa. Quer dizer, se propiciada melhor fiscalização, a condução dos negócios também deverá respeitar, por força da pressão exercida, os limites da boa administração e dos indicativos legislativos pertinentes à organização e demonstração das contas, evitando-se surpresas que geram insegurança no mercado e, como consectário, resultados negativos contábeis.

As questões que se colocam, quando abordado este caso, situam-se na intangível disposição de que o governo das sociedades por ações deve ser exercido por quem possui a maioria de votos, que correspon-de à maioria de ações que, por sua vez, tem relação com o capital investido. Esta vocação histórica está refletida na legislação de dar o controle para a maioria, sem o contrapeso – necessário ao equilíbrio – da fiscalização do acionista minoritário, e acoberta uma abominável discriminação, que somente pode ser respondida pelo tratamento de igualdade que a ambos deve ser outorgado.

2.4. O tratamento isonômico controladores/não controladores para o exercício da fiscalização

Em virtude da proteção aos direitos individuais dos acionistas, previstos na legislação societária, fortalecidos pela ampliação que se faz da aplicação dos direitos fundamentais constitucionais, conclui-se que todos os sócios de uma sociedade por ações encontram-se em pé de igualdade em termos de direitos e obrigações. A questão assim posta sugeriria uma execrável interpretação simplista, não condizente ao escopo do presente trabalho. O que se afirma é que a proteção ao minoritário não deve esquecer outras condicionantes que justificaram e continuam justificando a inversão de grandes capitais através de grandes investidores, para dar partida e manter qualquer empreendimento saudável.

Maioria e minoria estão colocadas no mesmo patamar de igualdade, pois a lei não os diferencia ao arrolar direitos e deveres dos acionistas. Ou seja, se o interesse é conflitante, o acionista, seja minoritário ou majoritário, não poderá votar na assembléia; se a companhia for liquidada, participam do acervo na proporção do capital, e assim por diante. Está-se diante da comprovação de que a igualdade não é totalmente descartada nas sociedades anônimas, se observada do ponto de vista legislativo.

A doutrina não foge à regra. A lei concede a todos os acionistas os mesmos direitos e os mesmos meios para fazer valer esses direitos, afirma Clusellas.[85] Estas observações poderiam conduzir à conclusão de que existe uma efetiva igualdade, mas a experiência mostra uma realidade fundamentalmente distinta.

Apesar de não existir um direito do grupo minoritário em contra-posição ao da maioria, nem vice-versa, o direito da minoria nasce quando a maioria abusa do seu poder. Tanto maioria como minoria contribuem para a formação de uma só vontade jurídica. Na prática, todavia, existe o abuso da maioria, nascendo então a necessidade de tutelar a minoria.[86]

Esta igualdade permanece no campo formal, pois na esfera de aplicação, além dos abusos referidos pela doutrina,[87] há o fato incontestado, incontroverso, do reconhecimento de que alguns detêm o controle da sociedade, o que se soma aos seus direitos de acionistas, mais o poder decorrente da administração – ou do mando na administração – o que os diferencia dos demais acionistas. Por isso é verdadeira a afirmação de Modesto Carvalhosa:

> "Ao empolgarem praticamente sozinhos o reduzido colégio votante, os controladores tem o domínio absoluto da companhia e, por outro lado, a responsabilidade também total sobre a realização de seus objetivos empresariais, respondendo perante o Estado, a comunidade de acionistas, empregados e coletividade em geral. (...) Os acionistas não controladores, (...) são considerados pela lei como credores e não propriamente como acionistas, e é nesse sentido que a lei lhes dá proteção, notadamente ao instituir o dividendo obrigatório (art. 202). Institui-se uma série de proteções aos acionistas rendeiros e investidores fundada no seu direito de crédito e não visando à sua participação na administração e na política da companhia".[88]

O tratamento isonômico a ser observado entre controladores/não controladores – que pode ser estendido a majoritários e minoritários, apesar das diferenças pertinentes a cada uma das nomenclaturas adotadas – deve, portanto, ser específico a cada uma das situações que se esboçam na proteção aos direitos dos que não têm ingerência na administração para a efetiva fiscalização dos atos dos administradores, particularmente na existência de algum abuso por parte destes últimos e que atinjam os direitos minoritários.

---

[85] CLUSELLAS, Eduardo L. Gregorini. *La proteción de las minorias en las sociedades anónimas.* Buenos Aires: Abeledo-Perrot, 1959, p. 18.

[86] Ibid. No mesmo sentido, BULGARELLI, 1998a, p. 41.

[87] Por todos, ASCARELLI, 1941.

[88] CARVALHOSA, 1997, v. 2, p. 425-426.

Isonomia é orientação pétrea na Constituição Federal de 1988, como já o fora nas anteriores. Tratar a todos com igualdade perante a lei é mandamento constitucional e está no título dos princípios fundamentais e no capítulo reservado aos direitos e deveres individuais. Ou seja, ao legislador não é dado tratar desigualmente aos iguais. Mas, como adverte Cretella Jr., "Os chamados 'tratamentos desiguais em razão do *status*', constantes de lei, são prerrogativas que não ofendem o princípio da isonomia." Mais adiante, no entanto, o mesmo autor alinha que está carregada de inconstitucionalidade a lei que estabelecer tratamento desigual para situações que não são desiguais. Isto ocorre "sempre que há privilégios ou prerrogativas que favorecem, absurdamente, determinadas categorias, em detrimento de outras".[89]

Pelo dito, deduz-se que o tratamento desigual da legislação societária atende a desigualdade do investimento de cada um: mais dinheiro, mais poder. Tem sido este o acento tônico das palavras contidas na lei e a estrutura montada nas grandes empresas – também nas pequenas e médias, pois a diferença fundamental está sempre localizada na inversão de capitais e na forma de controle exercida. O que se pretende, todavia, não é desmanchar este edifício concluído, acabado e cujos alicerces sustentam toda a obra econômica até agora produzida, mas simplesmente adequar a realidade do controle com a da necessidade de fiscalização do controle/administração na condução dos negócios sociais.

Os obstáculos começam justamente nesta conceituação de que o acionista controlador/majoritário, que administra a companhia por si ou por intermédio de terceiros, assegura-se de todos os lados, protegendo-se contra as investidas fiscalizatórias dos investidores menores. A couraça legislativa parece infensa a qualquer desordem que eventualmente possa ser criada pelos pequenos acionistas, relegados a um plano secundário na administração.

Esta divisão lógica dos conceitos parece resistir a tudo – não obstante o reconhecimento aqui e ali de que os sócios são iguais – como pode ser visto pelo pensamento de Clusellas de que todos os sócios estão em igualdade de condições, mas completa afirmando que, ao proteger as minorias, não lhes são outorgados poderes ou direitos por suas condições como tais. Recordando-se a posição já exposta, na prática, existem sócios ou grupos de sócios que possuem menos poder que outros, pela simples razão de a maioria ter a gestão dos negócios, o que lhes concede mais do que os simples poderes de sócios.[90]

---

[89] CRETELLA JR., José. *Comentários à Constituição Brasileira de 1988*. Rio de Janeiro: Forense Universitária, 1992, I v., p. 99.

[90] CLUSELLAS, 1959, p. 18.

A diferença justamente está aqui: se se exige tratamento igualitário entre todos os sócios, impondo-se a dessemelhança somente pela gestão social que a maioria exerce, aos minoritários devem emergir também diferentes direitos, consubstanciados, então – e pelo menos! – no exercício de fiscalização desta administração da parcela de maior poder. Esta lógica não tem sido seguida e é simples, bastando agregar aos direitos dos minoritários o exercício de poder contraposto ao da administração.

A vantagem em assumir tal posição seria a de evitar abusos, e não, como ocorre hoje, a de corrigir abusos. Está claro no que até agora foi delineado: a intervenção/proteção do acionista minoritário dá-se a partir da prática de algum abuso do administrador/controlador/majoritário na condução dos negócios sociais. O aumento dos meios de fiscalização corrigiria esta distorção que se faz sentir na legislação pertinente.

Uma dificuldade surgiria na irresponsabilidade que se assaca ao acionista minoritário, ou a um grupo deles. Este receio transparece na já citada doutrina de Clusellas, que afirma ser tão prejudicial como deixar a sociedade sob o domínio incontrolado de uma maioria arbitrária, também seria dar abrigo à ação perturbadora de uma minoria irresponsável e temerária, integrada por quem não tem a responsabilidade da gestão social e sem a necessária experiência, ou competência, ou conhecimento cabal das questões e que pode estar integrada por acidentais adquirentes de ações. Por isso, considera sumamente delicado precisar quando a vontade da minoria merece o apoio legal para opor-se às decisões da maioria e quando, pelo contrário, não é credora da dita proteção.[91]

Não se quer fazer o discurso maçante de que somente a fiscalização seria panacéia a todos os males que afligem as sociedades por ações ou o mercado acionário. Deve resultar nítido desta exposição que não se coloca dúvida quanto à necessidade de organizar a fiscalização minoritária, dotando-a de atributos legislativos que a reforcem, mas sem deixá-la livre, sem qualquer linha demarcatória, pois, do contrário, a desorganização seria tamanha que colocaria em risco a própria atividade da empresa. O tratamento isonômico que se traz ao debate deve respeitar estes limites. O que, insista-se, deve ser o norte da discussão é a criação de mecanismos que impeçam a inescrupulosos administradores a impunidade por falcatruas que possam praticar, como, por exemplo, na utilização de artifícios destinados a encobrir, nas contas apresentadas, eventuais direitos dos acionistas ou fantasiar lucros,

---

[91] CLUSELLAS, 1959, p. 19. Não custa lembrar que os termos *maioria* e *minoria* estão sendo usados aqui no sentido de referir aqueles que possuem maior ou menor número de ações, e não em relação ao número de pessoas possuidoras de ações.

distribuir dividendos e vantagens outras aos acionistas, sem que o empreendimento tenha condições para tanto, colocando-o em risco e, se levantado o véu que encobre esta fantasia de lucros, dividendos ou prejuízos, desprestigiando a empresa perante os acionistas e terceiros.

E isso somente pode ser feito através de legislação apropriadamente destinada ao exercício da fiscalização pelas minorias, pois são estas as que mais se ressentem de eventuais aviltamentos de direitos. Tal situação tem sido afagada por muitos e efetivada por poucos. Volta-se, então, ao ponto de partida. Há necessidade de intervenção permanente do Estado, no sentido de buscar o balanceamento de direitos, sem pender para um dos lados apenas.[92]

Mas, se a lei acionária, na defesa de interesses inidentificáveis, impor alterações no direito substancial dos acionistas minoritários, estas alterações, se não apenas atingem direitos essenciais dos acionistas dispostos na lei acionária, oferecem campo para investigação de contrariedade à Constituição Federal, por atingirem conquistas já asseguradas. A discussão pode ser alargada, o que será realizado a seguir.

2.5. Direitos essenciais dos acionistas e direitos fundamentais do cidadão

Estabelecidas as regras que guarnecem o direito essencial do acionista de fiscalizar o andamento dos negócios sociais, sendo este (direito essencial legalmente previsto) equiparado aos direitos individuais políticos; e a garantia de que o acionista deve ser tratado, na ordem econômica, com a dignidade reclamada na Constituição em dois dispositivos e, ainda, o tratamento isonômico ao acionista minoritário, no exercício da fiscalização, temos que qualquer alteração neste lineamento contraria disposições constitucionais, seja esta modificação decorrente da manifestação legislativa ou mesmo de atitudes dos acionistas que detêm o controle/administração da sociedade.

No exame que se faz da textura dos direitos minoritários, é fácil concluir que eles não chegam a materializar-se integralmente, em face

---

[92] Possível, nesse passo, a aplicação ao direito societário do princípio da proporcionalidade, como defendido por Paulo Bonavides para uma nova teoria e um novo Estado de Direito. As premissas básicas se não são iguais ao menos aproximam-se bastante: se há um mal a enfrentar, extirpa-se-o; se há dois males a confrontar, escolhe-se o menor. Ou seja, escolhe-se sempre aquele fim que seja menos nocivo ao cidadão, mediante também a escolha do meio mais suave para se chegar a este fim, levando em conta o conjunto de interesses em jogo. Enfatiza o autor que "Contribui o princípio notavelmente para conciliar o direito formal com o direito material em ordem a prover exigências de transformações sociais extremamente velozes, e doutra parte juridicamente incontroláveis caso faltasse a presteza do novo axioma constitucional." BONAVIDES, Paulo. *Curso de Direito Constitucional*. São Paulo: Malheiros, 1996, p. 360-362.

das imperfeições verificáveis no nascimento da norma, onde se nota o traço benevolente que é dispensado ao acionista majoritário/controlador, em contraposição à dispersão observada nos direitos dos minoritários, bem assim à carência de meios para o efetivo exercício da fiscalização da administração. Uma legislação com este norte está fadada ao insucesso, pois, na mesma medida que não adota dispositivos destinados a coibir o abuso de poder do acionista controlador, também não os adota para a proteção do acionista minoritário contra tais abusos.[93]

Diante disso que aí está, como insistentemente demonstrado ao longo deste trabalho, acrescente-se agora a manipulação que o poderio econômico pode realizar – ou realiza efetivamente – na manutenção do seu *status* ou, o que é pior, na retirada de direitos já assegurados aos minoritários. Não se considere inverossímil tal afirmação, porquanto exemplos legislativos foram detectados ao longo da existência da lei societária nacional, como os arrola Modesto Carvalhosa, além de outros "equívocos" – para dizer o menos – de técnica legislativa, que desacreditam, insofismavelmente, o legislador nacional quando trata de assuntos desta natureza.[94]

Não obstante tenha sempre sido colocada como um instrumento do capitalismo, a sociedade anônima ingressou no sistema econômico brasileiro e contribui para a armadura social que se criou. Esta rede social inclui direitos de acionistas que passam, assim, a participar do "mundo do ser"[95] da sociedade por ações e deles não se pode retirar, porque, além de agregados ao patrimônio dos acionistas como direitos essenciais legalmente previstos, passaram a participar (dos) e foram agregados aos seus direitos individuais. E há uma explicação plausível

---

[93] GREBLER, Eduardo. A responsabilidade do acionista controlador frente ao acionista minoritário na sociedade anônima brasileira. *Revista dos Tribunais*, São Paulo, v. 82, n. 694, p. 35-42, ago. 1993, p. 35 e 41.

[94] CARVALHOSA, 1997, v. 2, p. 279. Explica o autor que, visando a dar oportunidade a que fosse realizada operação de incorporação de outra empresa por grande companhia, editou-se a Lei 7.958/89, "de caráter grotescamente casuístico," para excluir do art. 137, da Lei 6.404/76, o direito de retirada na hipótese de efetivação daquela operação de reorganização societária. Depois, mediante projeto que demonstra e confirma "o caráter crescentemente oligárquico do 'capitalismo' nacional, que leva à impossibilidade cada vez mais evidente de criação de um mercado de ações no País," (...) "retirou e fragilizou diversos direitos dos acionistas, notadamente o direito de recesso, suprimindo, outrossim, a oferta pública obrigatória aos minoritários, no caso de transferência de controle." Prosseguindo na sanha persecutória aos direitos dos minoritários, até na Medida Provisória que criou o famigerado programa de socorro a bancos em "dificuldades", revogou todos os artigos que, direta ou indiretamente, pudessem ser invocados pelos acionistas para o exercício dos seus direitos. O autor manifesta, ainda, com apoio em EIZIRIK, Nelson. O PROER e os acionistas minoritários – "Lei Teresoca dos Bancos", *Revista Monitor Público*, Rio de Janeiro, n. 9, 1996, que é flagrante a inconstitucionalidade desse confisco de direitos.

[95] Expressão utilizada por GRAU, 2002, *passim*, não necessariamente dirigida para a matéria ora em estudo, mas perfeitamente aplicável pela abrangência que denota.

para isso, além da proteção aos direitos fundamentais e ao princípio da "proibição de retrocesso social", questões que serão objeto de algumas observações ainda neste subtítulo.

Justifica-se o emaranhado tecido social pela livre iniciativa em razão de ela não ficar limitada à empresa, sendo uma das suas faces a liberdade econômica da iniciativa. Aponta Eros Grau que "liberdade de iniciativa econômica é liberdade pública precisamente ao expressar não sujeição a qualquer restrição estatal senão em virtude de lei." O conteúdo da livre iniciativa, completa, deve ser mais amplo do que este, arrolando, por isso, além da liberdade de iniciativa de empresa, também a expressão de liberdade de trabalho.[96] A livre iniciativa à empresa, portanto, entra nessa tessitura e mistura-se à comunidade em que vive. A vida em sociedade passa, então, a parecer uma grande rede onde todos – Estado, empresas, cidadãos – comunicam-se entre si, ligados que são pelo mesmo conjunto de normas fundamentais que são, ao mesmo tempo, libertadoras e limitadoras de direitos.

É em torno da liberdade econômica ou do limite que a ela se impõe, que gravita e assume capital relevância o respeito à dignidade da pessoa humana. Quando traça as linhas de proteção à dignidade da pessoa, prevista tanto no art. 1º, III, como no art. 170, *caput*, da Constituição Federal, Eros Grau chama a atenção para esta dúplice substanciação:

> "Nesta sua segunda consagração constitucional, a dignidade da pessoa humana assume a mais pronunciada relevância, visto comprometer todo o exercício da atividade econômica em sentido amplo – e em especial, o exercício da atividade econômica em sentido estrito – com o programa de promoção da existência digna, de que, repito, todos devem gozar. Daí porque se encontram constitucionalmente empenhados na realização desse programa – dessa política pública maior – tanto o setor público quanto o setor privado. Logo, o exercício de qualquer parcela da atividade econômica de modo não adequado àquela promoção expressará violação do princípio duplamente contemplado na Constituição".[97]

Com olhos voltados para esta adaptação necessária e constitucionalmente prescrita – de que a ordem econômica deverá ser fundada na dignidade da pessoa humana – é que o legislador ordinário deve impor limites à forma de atuação da livre iniciativa. Liberdade de iniciativa que, como dito, tem na empresa a concreção da idéia constitucional, mas que não pode sacrificar o bem mais valioso, que é o de garantir vida social digna à pessoa humana.

---

[96] GRAU, 2002, p. 247-248.

[97] Ibid., p. 239.

Por outro lado, a impossibilidade de uma familiaridade entre o sistema com base no capital, essencialmente individualista, com a dignidade da pessoa humana, mediante a participação maior do investidor na atividade empresarial, é afastada porque, como afirma José Afonso da Silva, "Algumas providências constitucionais formam agora um conjunto de direitos sociais com mecanismos de concreção que devidamente utilizados podem tornar menos abstrata a promessa de justiça social".[98] Sendo um vector determinante e vital para a sobrevivência do princípio, impõe e obriga que todas as demais regras da constituição econômica sejam entendidas e operadas em função dela.

Estas vertentes constitucionais é que podem/devem ser as saídas fluídas dos direitos dos minoritários, a ensejar que penetrem no tecido social e interliguem-se suficientemente para poderem também participar da fiscalização efetiva da forma de condução dos negócios sociais. Pensar de forma diferente será inviabilizar o acesso à realidade da convivência digna, relegando o texto constitucional à mera formalidade. Não obstante inexistir regra preordenando que o princípio deva ser aplicado às sociedades por ações, o sistema aberto da Constituição, previsto no art. 5º, § 2º, permite sua efetivação neste campo.

A norma acima traduz o entendimento de que, para além do conceito formal de Constituição e de direitos fundamentais, há um conceito material, no sentido de existirem direitos que, por seu conteúdo, por sua substância, pertencem ao corpo fundamental da Constituição, mesmo não estando relacionados no rol do art. 5º, que é exaustivo, mas não tem o cunho taxativo. Esta abertura material do catálogo abrange os direitos individuais, direitos fundamentais de cunho negativo, ou seja, dirigidos *prima fascie* para a proteção do indivíduo (individual ou coletivamente) contra as intervenções do Estado. Também alcança os direitos sociais, que seriam os direitos dirigidos a prestações positivas do Estado. Nossa Constituição consagrou a existência de direitos fundamentais não-escritos, que podem ser deduzidos, por via de ato interpretativo, com base nos direitos constantes do "catálogo", ao referir os "direitos decorrentes do regime e dos princípios" (art. 5º, § 2º).[99]

Além disso, paralelamente aos direitos fundamentais fora do catálogo (com ou sem sede na CF formal), reconhece Ingo Sarlet que o conceito materialmente aberto abrange direitos não expressamente positivados. Conclui que o art. 5º, § 2º, é de uma amplitude ímpar,

---

[98] SILVA, José Afonso da. *Curso de Direito Constitucional Positivo.* São Paulo: Malheiros, 1993, p. 669.

[99] SARLET, Ingo Wolfgang. *A eficácia dos direitos fundamentais.* Porto Alegre: Livraria do Advogado, 2001, p. 89-122.

encerrando expressamente, ao mesmo tempo, a possibilidade de identificação e construção jurisprudencial de direitos materialmente fundamentais não escritos (no sentido de não expressamente positivados), bem como de direitos fundamentais constantes em outras partes do texto constitucional e nos tratados internacionais. Isto viabiliza a delimitação de certos critérios que possam servir de parâmetro na atividade "reveladora" destes direitos. Estes critérios são os de conteúdo e de substância que são dotados os direitos fundamentais não-escritos, em comparação aos direitos fundamentais arrolados expressamente na Constituição. A identificação do conteúdo e substância dá-se, primeiro, pela relevância que os direitos fundamentais não catalogados experimentam em determinado tempo da vida social, cuidando-se para não confundi-los com as naturais pressões sofridas pelos constituintes e resultantes de grupos de pessoas que buscam apenas seus interesses. Vale muito aqui a sensibilidade do intérprete. O segundo passo para o perfeito conhecimento é a revelação do conteúdo, que é impregnado de subjetividade, mas deve ser visto de acordo com o direito fundamental vigente e a ele comparável. Não se cuida de efetuar a análise isolada de um ou outro preceito do catálogo, mas sim de lançar um pouco de luz sobre os elementos comuns, em princípio, ao conteúdo de todos os direitos fundamentais do título II, e que, portanto, pode ser considerado como matéria dos direitos fundamentais, e não de um outro dispositivo isolado. Há que se ter certa similitude dos direitos fundamentais materialmente considerados com os do catálogo. Finalmente, sejam levados em consideração outros referenciais para a construção de um conceito material de direitos fundamentais no sistema aberto pelo art. 5º, § 2º, como o da dignidade humana, que aparece em mais de um lugar na Constituição e a função protetiva de que são impregnados todos os direitos fundamentais, no sentido de que objetivam assegurar e proteger certos bens individuais ou coletivos considerados essenciais.[100]

Estas considerações, aliadas àquelas anteriores e que tratam da ordem econômica, que deverá assegurar existência digna, conforme os ditames da justiça social, ajudam a encontrar no sistema constitucional aberto pelo art. 5º, § 2º, a necessária constitucionalização dos direitos essenciais dos minoritários – entre estes os de fiscalizar a administração, relembre-se, apenas regulamentados na lei ordinária. Para isto, basta observar a relevância que assumem no momento atual.

A inserção da empresa – aqui tomada como modelo da iniciativa privada – no contexto social, assumindo papel importante na proteção ao trabalho, na assistência social sem assistencialismo gratuito e valorização da dignidade da pessoa, mostra a imbricação das questões

---

[100] SARLET, 2001.

abordadas tanto na parte da Constituição que trata da liberdade de iniciativa como naquela que fala da proteção aos direitos fundamentais. Esta consciência é difícil de impingir aos que detêm o poder numa sociedade por ações. Raros são os exemplos daqueles que se dão conta da importância do capitalismo na retroalimentação do mesmo capitalismo, como observado alhures por Eros Grau.

Algumas pequenas conquistas – por vezes insignificantes conquistas, mas nem por isso deixam de ser importantes – dos que pensam no sentido da reconquista do espaço pelo próprio capitalismo são registradas. O resumo da situação dos acionistas minoritários, desde a edição da atual lei acionária em 1976, é feito com proficiência pela doutrina brasileira, no momento em que novas diretrizes vêm sendo implementadas pela edição da Lei 10.303/01. Carlos Henrique Abrão observa que a conjuntura mundial, de expectativa negativa, exacerbou a necessidade de alteração do modelo imprimido pela Lei 6.404/76, completando:

> "o diploma normativo atual celebra uma finalidade de consecução da primazia de uma transparência, clareza nas contas, alicerçando um enraizamento formalmente destinado a arrebanhar simpatia, mas seguramente entrelaçado com as facetas da crise internacional".[101]

Esta observação calha com a maioria daquelas que se vem fazendo neste texto, porque demonstra a preocupação de elaboração de novos mecanismos tendentes a fortalecer a iniciativa privada, sem perder o contato com as bases internas – consideradas as relações dos controladores com os minoritários – e as externas – consideradas as relações da empresa com a comunidade em que vive. Claro está que algumas diferenças existem na ótica destas sociedades, conduzindo a reflexão de maneira diferente quanto maior for o poderio econômico exercido, ou o âmbito nacional ou internacional abrangido. Tudo isso contribui para a elaboração de novas idéias respeitantes às sociedades por ações que possuem reflexos nos conceitos legislativos depois emitidos.

Construindo maiores facilidades para atingir um nível mais elevado de desenvolvimento, contando com empresas fortes no mercado mundial, é assim que o principal defensor das mudanças ocorridas na lei das sociedades anônimas, Antonio Kandir, vê a atual proteção aos minoritários. Afirma que assume capital importância a captação da poupança popular no sentido de as empresas se habilitarem a um sistema de crédito amplo, rápido e flexível:

> "O acesso a tais fontes só é possível a empresas que tenham padrão de governança corporativa que inspire confiança e entusiasmo a

---

[101] ABRÃO, 2002, p. 251.

um conjunto amplo de investidores – cada dia mais bem informados, seletivos e que atuam em bases mundiais. Estudos recentes demonstram que o nível de proteção legal dos investidores é um fator decisivo para que as empresas tenham maior aptidão de captar recursos públicos, pois a ausência de instrumentos aptos a repelir a expropriação de acionistas minoritários e credores traz como conseqüência o desestímulo e o desinteresse do investidor".[102]

Vê-se, por este prisma, que fica clara a disposição de se criar, no sistema legal brasileiro, um maior número de mecanismos que se destinem à proteção do acionista minoritário, sendo descartável, inclusive, o quesito da "sensibilidade do intérprete" aventado por Sarlet, conforme exposição acima. E, mesmo diante da desnecessidade de lei ordinária a regular tais direitos e apesar do ranço interpretativo daqueles que não querem ver a necessária constitucionalização dos direitos – inclusive do Direito Comercial e, em sucessivos cortes, da lei das sociedades anônimas e dos direitos dos minoritários em fiscalizar a administração –, há um avanço significativo, a ensejar, inclusive, a manifestação de Carvalhosa e Eizirik de que "os minoritários tiveram alguns ganhos expressivos se comparado o texto da lei (de reforma) não com o projeto, mas com o estatuto original da Lei 6.404/76."[103]

A par de ser um dos princípios fundamentais previstos na cena introdutória da Constituição, a dignidade da pessoa humana também tem tratamento diferenciado na parte que trata da ordem econômica, conforme já explicitado. Só isso seria suficiente para a instalação dos direitos essenciais dos acionistas minoritários como fundamentais, no sistema aberto. Sem deixar de lado esta constatação, a ela junta-se outra: há elementos comuns entre os direitos dos acionistas minoritários e o conteúdo de todos aqueles que estão descritos e catalogados na Constituição, em especial os dos incisos do art. 5º, como se deixou bem claro ao estabelecer, na dicção autorizada de Georges Ripert, que os direitos dos acionistas devem ser equiparados aos direitos políticos (item 1.2. supra).[104]

Este quadro demonstra que contrariam os direitos fundamentais da pessoa humana as disposições normativas que também são contrárias aos direitos essenciais dos acionistas – entre eles os de fiscalizar,

---

[102] KANDIR, Antônio. A nova CVM e a modernização da Lei das S.A. In: LOBO, Jorge (Org.). *Reforma da Lei das Sociedades Anônimas – inovações e questões controvertidas da Lei n. 10.303, de 31.10.2001*. Rio de Janeiro: Forense, 2002, p. 3.

[103] CARVALHOSA; EIZIRIK, 2002, p. 3. A afirmação de que a comparação deve ser feita com o texto da lei, justifica a posição destes autores de que o projeto original avançava mais. Por sinal, conforme já afirmado antes, Modesto Carvalhosa é ácido crítico das alterações que se produziram na lei originária em 1997, em seus Comentários à Lei de Sociedades Anônimas.

[104] RIPERT, Georges. *Tratado Elemental de Derecho Comercial*. Tradução Felipe de Solá Cañizares. Buenos Aires: Tipográfica, 1954. II v., p. 350.

enfatize-se – porque equiparados estes àqueles. Em outras palavras, pode-se completar com a afirmação de que são inconstitucionais as normas e dispositivos que confrontem os direitos essenciais dos acionistas, pois, fundamentados nos direitos individuais políticos e oriundos de princípios constitucionais, a estes últimos devem ser equiparados.

"À natureza radical de tais proposições não deixará de se opor a respeitabilidade da ortodoxia conservadora", observava Comparato ao propor, no já distante ano de 1983, uma reforma empresarial. Apesar das resistências, muitas das suas idéias estão aí, seja na prática das empresas, ou na própria legislação nacional; outras, como a reforma da lei de falências, no entanto, permanecem em discussão no Congresso e são de difícil tramitação. Por isso, não obstante a abordagem em outras questões, mas dentro da mesma linha de raciocínio, pode-se citá-lo sem medo de errar:

> "Já vislumbro a reação escarninha dos sumos sacerdotes do realismo econômico. Eles irão repetindo à porfia que 'o capital tem suas exigências lógicas impostergáveis'; que 'os princípios científicos da economia não se compadecem com os bons sentimentos ou as tiradas demagógicas'; e outros estribilhos da mesma profundidade. Os frutos dessa alta sabedoria estadeiam-se a nu, neste preciso momento, para ilustração geral: e a bancarrota política, econômica e social do país. Oxalá essa falência generalizada, de origem sobretudo moral, nos permita entender a verdade simples de que a democracia integral não é um luxo de países opulentos (...)".[105]

Ainda a contribuir para a adoção dessa posição, o fato de que conquistas sociais não podem ser revogadas ou derrogadas por superveniente legislação, ou sequer alteradas por interpretação contrária aos interesses das classes dominadas (ainda que, às vezes, não menos afortunadas), e que formam, na realidade das sociedades por ações, as maiorias (de pessoas) silenciosas por vontade própria ou porque não lhes permitem as leis ordinárias. Não se pode esquecer que as empresas que integram a "ordem econômica" constitucional também são responsáveis pela preservação dos direitos individuais,[106] como responsáveis são os controladores pela função social que as sociedades anônimas exercem (art. 116, parágrafo único, da Lei 6.404/76).

Por isso, calha a observação de J. J. Canotilho, de que o princípio da democracia econômica aponta para a proibição de retrocesso social, querendo afirmar que os direitos sociais e econômicos, "uma vez alcançados e conquistados, passam a constituir, simultaneamente, uma *garantia constitucional* e um *direito subjectivo*." Tira-se, portanto, do

---

[105] COMPARATO, 1995, p 25-26.

[106] Idem, p. 23.

legislador a livre e oportunística disposição de diminuir direitos adquiridos, pois, do contrário, estaria também violando o "princípio da protecção da confiança e da segurança dos cidadãos no âmbito económico, social e cultural." Além de impor estes limites ao legislador, o Estado confirma "a obrigação de prossecução de uma política congruente com os direitos concretos e expectativas subjectivamente alicerçadas." Finalmente, afirma o autor português ser justificada eventual sanção de inconstitucionalidade relativamente a normas manifestamente aniquiladoras das chamadas "conquistas sociais".[107]

Colocadas estas questões – de fundamentalidade dos direitos essenciais dos acionistas, porque inseridos na ordem econômica, que almeja a proteção da dignidade da pessoa – a lei ordinária e a jurisprudência poderiam (deveriam) traduzir a vontade do constituinte a partir dessa fundamentalidade dos direitos, mediante aplicação dos princípios até agora estudados. Os princípios constroem a coluna vertebral de todo o sistema de valores morais, em os quais funda-se a República brasileira. A partir dela (da coluna vertebral) é que se contagiam as demais partes do corpo, recebendo os influxos nervosos que comandam as ações estatais.

Esta procura afigura-se, de certo modo, facilitada pelo sistema brasileiro, pois a estrutura legislativa deve (deveria) obedecer (obedece?) aos princípios e normas constitucionais e, estes e estas, que protegem os direitos fundamentais, dão ênfase à dignidade humana e dizem que a ordem econômica deve respeitá-los. Daí a conclusão óbvia é que tudo deveria transparecer, aparecer através de algo, sem véu a encobrir a verdadeira intenção: proteção ao minoritário e ao seu direito de fiscalizar a administração, com notórias vantagens a cada um de per si – administradores, controladores e acionistas minoritários.

Não se mostra, assim e todavia, a compreensão da exata dimensão das palavras da Constituição. Formou-se, como já dito, uma couraça que visa a proteger o que se considera vital às sociedades anônimas e à sobrevivência delas no mundo capitalista, qual seja a de controlar o capital, dominar a administração, submeter a distribuição de lucros às suas vontades. Para conseguir penetrar neste conjunto de partes que formam a sólida construção que não quer e diz que não precisa de mudanças, "Mister é que lancemos mão daquilo que poderíamos denominar, neste momento, de *hermenêutica crítica* do saber jurídico e de seus institutos",[108] tema que será objeto de apreciação no capítulo seguinte.

---

[107] CANOTILHO, José Joaquim Gomes. *Direito Constitucional.* Coimbra: Almedina, 1992, p. 474-475. (Grifos são do original).

[108] LEAL, Rogério Gesta. *Hermenêutica e Direito.* Santa Cruz do Sul: Edunisc, 2002, p. 169. (grifos do autor).

3. Perspectivas hermenêuticas do direito de fiscalização do acionista minoritário nas sociedades anônimas

3.1. Desafios da fiscalização eficacial

O significado da dogmática jurídica tem (des)orientado a discussão que se pode fazer a respeito do seu verdadeiro sentido. Se considerado o dogmatismo como verdade e que seus conceitos podem-se provar como indiscutíveis, aderindo aos princípios de forma irrestrita, será o mesmo que conceber o saber jurídico contemporâneo como mecânico e infenso a qualquer tipo de dedução lógica, engessadas as diversas instâncias da possibilidade de descoberta dos verdadeiros problemas que afligem o meio em que o intérprete vive e convive, sem dar oportunidade a uma reflexão séria e a uma descoberta própria. Não há necessidade de interpretar, e a aplicação automatiza-se.

"Questões 'dogmáticas' têm uma função diretiva explícita. A situação nelas captada é configurada, pois, como um dever-ser. Questões desse tipo visam a possibilitar uma decisão e a orientar a ação" afirma Tércio Ferraz. Diz, ainda, que as questões judiciais são, de regra, dogmáticas, ou seja, restritivas e positivas. Pretendendo fugir da estratificação a que ficam reduzidos esses temas, propõe se submetam as ações lingüísticas consideradas "fora de dúvida" a um questionamento, "por meio do qual se exige uma fundamentação e uma justificação deles, procurando-se, com a ampliação do *dubium*, mediante o estabelecimento de novas conexões, facilitar a orientação da ação", juntando-se à especialização do jurista nas questões dogmáticas – que relevam o ato de opinar – também a de desintegrar opiniões, pondo-as em dúvida, obedecendo a certos limites ou até ultrapassando-os, mediante a especialização agora em questões "zetéticas".[109]

---

[109] FERRAZ JR., Tércio Sampaio. *Direito, Retórica e Comunicação*. São Paulo: Saraiva, 1997, p. 90.

Ao adotar uma postura mais crítica em relação ao estabelecido, o observador pode dar, mesmo colocando-se ao lado da indiscutibilidade dos pontos considerados fundamentais da doutrina comercial/positivista, uma entonação especial à dogmática jurídica, como defende Rogério Leal, com a possibilidade de estabelecer um ponto de partida com certos postulados verdadeiros e evidentes, partindo, então, para a construção do conhecimento jurídico mediante a aplicação de princípios determinados pela lógica formal e da conseqüência inexorável decorrente da execução prática dessa disciplina. Ou seja, adota a metodologia dogmática e não invalida sua utilidade e utilização; apenas estabelece limites e extrapola-os pelo posicionamento crítico do pensamento do operador jurídico.[110]

É justamente essa a proposta de Tércio Ferraz Jr., não sem antes chamar a atenção para o estrangulamento em alguns pontos da relação "dogmática-zetética" que propõe. Com efeito, a complexidade em que vivem as sociedades otimizam o aumento da "precisão jurídica da regulamentação legal," aumentando a importância das questões dogmáticas. Mas, por outro lado, "essa complexidade cultural torna a avaliação dos fatos também mais complexa, na medida em que põe a descoberto condicionalidades cruzadas que relativizam a própria avaliação (...), realçando o prestígio das questões "zetéticas".[111]

O mesmo diz Lenio Streck, enfatizando que não se pode confundir direito positivo e positivismo, ou mesmo confundir dogmática jurídica com dogmatismo, opondo-se à crítica que se possa fazer à dogmática jurídica. Concorda com Warat, para quem "a dogmática jurídica pode indagar, criar e construir. Dito de outro modo, o Direito não pode (mais) ser visto como sendo tão-somente uma racionalidade instrumental."[112] Deve procurar interagir com a sociedade que o criou e dele depende – seria impensável uma sociedade sem Direito! – numa perspectiva de operações que visem a garantir o que é mais justo e que alcance o maior número possível de pessoas.

Esta atitude tem sido o acento tônico em todos os ramos do Direito, habilitando-se a conviver com a nova situação criada pelas molduras que guarnecem o estado democrático que passou a viver a sociedade brasileira a partir de 1988. Não tem sido assim, todavia, no Direito Comercial e nas sociedades por ações. Apesar das constantes tentativas de alterar o panorama, o que se vê atualmente nas sociedades por ações é a obediência irrestrita aos primados que justificaram a criação das

---

[110] LEAL, Rogério Gesta. *Hermenêutica e Direito.* Santa Cruz do Sul: Edunisc, 2002, p. 86-87.

[111] FERRAZ, 1997, p. 91, nota 69 na obra do autor.

[112] STRECK, Lenio Luiz. *Hermenêutica Jurídica e(m) crise.* 2. ed. Porto Alegre: Livraria do Advogado, 2000, p. 27-28.

primeiras companhias e o respeito à dogmática, sem aberturas para novas expectativas.

Resulta, então, que é sob o comando de uma simples dedução pela razão que se mostra a situação de incompreensão a que são colocados os acionistas minoritários de uma sociedade por ações. É uma posição constrangedora a que vivenciam, mercê da lei que regula suas relações com a empresa aberta ou fechada em que investiram suas economias, pois não mantêm o controle da sociedade, não têm participação na administração e, tanto na administração como na distribuição dos lucros, assim também na fiscalização dos negócios sociais e, em conseqüência, ficam sujeitos ao arbítrio do majoritário dominante.

É partindo desta posição que se pode alcançar, pela própria utilização dos meios colocados à disposição do intérprete, uma correlação de forças mais adequada à idéia predominante na lei das sociedades por ações: a proteção ao minoritário e ao seu direito de fiscalização dos negócios sociais.

Não só o poder econômico domina e mantém o controle societário. Por vezes, um grupo de acionistas manejado politicamente e somado às participações acionárias, acaba por atribuir-se o controle absoluto e total da sociedade. Aquilo que o art. 116 da Lei 6.404/76 afirma ser o "controle comum".

Wilson de Souza Campos Batalha dirige-se a este como

"a possibilidade de integrar-se em grupos constitutivos de maioria, através de acordos de voto ou controle comum dos votos, além do efetivo exercício de poder para dirigir a sociedade e compelir ao funcionamento dos órgãos da sociedade nos interesses do controlador ou do grupo de controle".[113]

Fábio Konder Comparato acentua que

"o bloco majoritário pode não ser constituído por um único acionista, nem se apresentar, necessariamente, como um grupo monolítico de interesses. É mesmo usual que dois ou mais acionistas, ou grupos de acionistas, componham a maioria, associando interesses temporária ou permanentemente convergentes. Pode-se falar, em tais hipóteses, de um controle conjunto ou por associação".[114]

Com isto todos os órgãos da sociedade ficam sujeitos ao grupo controlador, inclusive aqueles destinados especificamente à fiscalização da administração/controle, nada mais restando às minorias do que

---

[113] BATALHA, Wilson de Souza Campos. *Comentários à Lei das AS*. Rio de Janeiro: Forense, 1977. II v., p. 561.

[114] COMPARATO, Fábio Konder. *O Poder de Controle na Sociedade Anônima*. 2. ed. São Paulo: RT, 1977, p. 43.

conformar-se com a situação, em visível prejuízo aos seus direitos, aos lucros que procuravam obter ao associarem-se àquele empreendimento e à própria dignidade, enquanto cidadãos.

Tal situação, a toda evidência, concretiza o abuso do direito da democracia[115] sob o ponto de vista das sociedades por ações, em que cada ação representa um voto. Isto se contrapõe à saudável "concepção individualista" de Norberto Bobbio, citado por José Alcebíades de Oliveira Júnior, em que o "individualismo é a base filosófica da democracia: uma cabeça, um voto". Ou seja, se verdadeiramente democrática fosse a sociedade por ações, cada sócio, mesmo minoritário, teria representação, e seus votos repercutiriam na administração societária, ou, pelo menos, encontrar-se-iam mecanismos próprios para concretizar a participação do acionista minoritário.

E acrescenta aquele último autor: "também da cidadania, que pouco a pouco vai sendo estendida também aos grupos, não devendo porém sufocar o indivíduo".[116] Aqui poderíamos sustentar a ingerência dos grupos acionários na formação de maiorias compostas por minorias. A desorganização, todavia, é a tônica neste último grupo. Daí, como regra, o prejuízo em qualquer tentativa de fiscalizar a administração.

Além do mais, a rotina não demonstra a existência de proteção efetiva ao direito dos minoritários à fiscalização na administração, comumente exercida pela maioria controladora. No Brasil, a questão é ainda mais grave, quando se constata que, invariavelmente, o controle está em poucas mãos. Por vezes, as decisões são tomadas por apenas uma pessoa, que faz valer sua vontade na assembléia geral. Não cede espaços aos demais acionistas, reinando despoticamente ao sabor de sua inspiração, seus anseios e desejos.

Há uma prática enraizada no meio empresarial brasileiro, de que o acionista controlador não pode (não pretende ou não quer) abrir o capital para não perder o controle da situação de sua empresa. Prefere manter-se na direção da sociedade – e daí não experimenta um crescimento maior dos negócios, como castigo merecido – do que abrir o capital para acionistas minoritários que, reunidos, podem ameaçar a sua hegemônica atuação. É um viciado círculo, do qual não se afastam os detentores do poder/controle.

Ora, se tanto no século XIX como agora, a função das sociedades anônimas tem sido estudada e confrontada como a forma apropriada

---

[115] LIMA, Osmar Brina Corrêa, *O acionista minoritário no direito brasileir*. Rio de Janeiro: Forense, 1994, p. 7, afirma, citando Gide e João Eunápio Borges: "Concebida à imagem e semelhança do Estado democrático e em analogia com o regime parlamentar, a companhia é uma democracia de ações e, conseqüentemente, de capitais, de dinheiro. É um saco de dinheiro, como ironiza Gide."

[116] OLIVEIRA JÚNIOR, José Alcebíades de. *Teoria Jurídica e Novos Direitos*. [S.l.]: Lumen Juris, 2000, p. 84.

de abertura e democratização do capital e conseqüente oportunidade de investimento para o pequeno poupador, revela-se absurda esta pretensão de governar por governar, sem repartir o poder. No Estado Democrático de Direito e na complexidade em que se transformou o meio social, não sobrevive esta simplificação. A sociedade, como um todo, experimenta uma profunda transformação que tem influenciado diretamente as ciências. O Direito não ficou alheio a tais mudanças, tanto que foi forçado a uma reestruturação de base, fruto principalmente de uma reflexão crítica sobre as premissas que orientaram a construção das suas teorias. Houve uma evolução constante da ciência, não acompanhada pelos cultores da permanência do *status quo* do instituto societário que é estudado neste trabalho.

Apesar da tendência que carrega a atual legislação, objetivando a proteção das minorias, o sistema reafirma a ineficácia de alguns dos mecanismos dispostos na Lei 6.404/76 para a efetividade do exercício desse resguardo, pois na gênese das decisões societárias, descobre-se sempre a prevalência da maioria.

E é nesta conceituação contrária ao senso comum que transparece o absurdo: dizem os defensores da manutenção do atual estado de coisas nas sociedades por ações, que o êxito de qualquer empreendimento depende, substancialmente, da inversão de capitais e que, por isso, os detentores do maior volume de ações têm de ficar com o comando da administração. Disso resulta a observação feita por Corrêa Lima:

"A preocupação com a proteção legal das minorias encontra como alicerce um paradoxo: o sucesso da democracia depende da confiança – ou pseudo-confiança –, da aceitação e do conformismo das minorias. Tal proteção, precária quanto possa ser, sustenta o sistema e mantém viva, em última análise, a dialética do senhor e do escravo, de que fala Hegel. Esse paradoxo revela-se na preocupação das próprias Constituições democráticas modernas e nos sistemas eleitorais delas decorrentes. A proteção às minorias é o reconhecimento realístico da força de sua fraqueza".[117]

Daí a necessidade da discussão do modelo atual, causador de inevitáveis confrontos entre acionistas majoritários e minoritários, em especial quando (não) se concede ensanchas à participação destes últimos na fiscalização da administração. Inevitável que nasçam os conflitos de interesses.

Estas contradições de "proteção da minoria com minoria na assembléia de acionistas", ou de "participação da minoria na fiscalização", sem que sejam fornecidas as necessárias ferramentas para tornar

---

[117] LIMA, 1994, p. 2.

realidade esses direitos, são os problemas enfrentados neste texto. Utilizar a hermenêutica para lastrear a efetividade da fiscalização é o desafio do intérprete da Lei 6.404/76, que é a que está à disposição do intérprete/aplicador da norma.

Há que se criar argumentos de defesa em favor das minorias acionistas e, especialmente, numa atividade fiscalizadora mais efetiva, estabelecendo uma seqüência do raciocínio neste sentido e procurando ligar, oportunamente, o fato concreto com a teoria desenvolvida a partir de pensadores e hermeneutas. Objetiva-se comprovar a idéia de que o enfoque tradicional até aqui utilizado pelas nossas instituições tem sido motivo muito mais de acomodação ao *status quo* do que inconsciência ou convicção da permanência do modelo interpretativo adequado à realidade nacional.

Com efeito, há um permanente confronto entre duas correntes dentro da sociedade por ações: o capital majoritário e o investimento minoritário. Não se está falando apenas na busca do controle da sociedade e o seu conseqüente – o domínio da administração, ou só do controle da direção da empresa –, mas sim em todos os sentidos, porque, evidentemente, os interesses sobrepujam muitas vezes a própria ética na condução dos negócios, numa espécie de jogo contínuo e com adversários permanentes, conhecidos, mas, paradoxalmente, estranhos a uns e outros dos integrantes destes movimentos lúdicos. Eles vão desembocar na vala comum, que é a busca do lucro, porém parecem distantes entre si, ao mesmo tempo em que buscam uma certa interação, utilizando estratégias que também contrastam com esta inicial demonstração de boa-vontade para a conversação.

A história demonstra que é necessário este agir recíproco, sem o qual não se tem uma abertura capaz de verificar a quantas andam os negócios e, em especial, as demonstrações contábeis e financeiras que, ao fim e ao cabo, mostrem a real situação do empreendimento e se vale ou não a pena investir na empresa. Mas, o titular da conta "capital" esquece-se que deve, obrigatoriamente, equilibrá-la com a conta "investidores", sem os quais, por certo, não atingirá seus objetivos.

É oportuna a observação feita por Berle Jr. na segunda metade da década de 60, quando afirma a necessidade de compreensão dessa reunião coordenada e lógica de idéias e princípios que formam o capitalismo pelos próprios defensores do capitalismo: "Por extraño que parezca, el llamado 'sistema capitalista' sabe muy poco, relativamente, acerca de sí mismo, y especialmente en lo que atañe a sua concepto central, o sea, el capital".[118]

---

[118] BERLE JR., Adolf A. *Prólogo*. La Sociedad Anónima em la sociedad moderna. Buenos Aires: Depalma, 1967. Do original de Edward S. Mason (Org.), The corporation in moderna society, p. 4.

Esta compreensão é essencial para o deslinde dos contrastes permanentemente flagrados nas relações sociais, pois também é essencial para a formação de uma consciência que arrolará outras conseqüências, como, por exemplo, a atuação da sociedade por ações no seio da comunidade em que habita. O mesmo Berle Jr. acredita, sem fechar definitivamente com a tese, que os diretores das sociedades seriam fideicomissários[119] não só dos acionistas, mas também de toda a comunidade, aos quais outorgam um poder muito maior do que se pensava poderia reconhecer-lhes. Ou seja, os diretores não se limitariam a obter o maior lucro possível a todos, mas também ganhos àquela comunidade, porque são também administradores da empresa e de um sistema comunitário.[120]

Então, o sistema capitalista estaria contribuindo com o avanço social da comunidade em que este sempre festejado maquinismo criado por ele, capitalismo, viceja pela inversão de capital de seus circundantes comunitários, que, ao seu turno, se transformam em seus consumidores. Esta é a verdadeira e completa retroalimentação do sistema,[121] muitas vezes desconhecida e, principalmente, não incentivada pelos detentores do poder/controle/administração das sociedes por ações. Ao lado disso, concomitante a isso, como acontecimento normal com o transcorrer da vida societária, uma abertura à fiscalização do acionista minoritário seria (e é!) a saída para uma completa interação do sistema.

Pergunta-se com Berle Jr.: afinal, o maior triunfo do século XVIII, a liberdade do indivíduo como principal objeto e integrante de uma sociedade organizada, não estaria sendo tragado pelas mega-organizações não-estatais? Ante o domínio de governos de Estados despóticos, se conceberam medidas protetoras e se estabeleceram limitações constitucionais para proteger o cidadão dos ataques aos seus direitos essenciais. Pode o indivíduo prescindir agora de uma proteção semelhante frente às novas organizações não-estatais de grande poderio econômico? Da mesma forma, deve-se garantir a este mesmo indivíduo, que reúna capital, construa uma planta industrial, organize um grupo investidor, produza e distribua a tantos quantos sejam capazes o núcleo do poder.[122]

---

[119] Figura usada pelo autor semelhante ao sentido pretendido pelo nosso Código Civil de 1916 – legatário gravado com a obrigação de, com a morte do testador, transmitir a herança ou o legado a outro(s) em determinado e sob condições (art. 1733).

[120] BERLE JR. 1967, p. 5.

[121] Que pode ser multiplicada por qualquer número e em qualquer potência, proporcional ao tamanho do empreendimento e à área de sua atuação.

[122] BERLE JR., op. cit., p. 4. O autor completa: "Hoy sabemos que la pobreza y la miseria pueden poner trabas a la libertad tanto como pudiera hacerlo un Estado opresor; y es obvio que la empresa moderna es capaz de proporcionar, y aun distribuír, bienes y servicios en número suficiente para combatir ambos males."

Este quadro observado na moderna sociedade anônima americana dos anos sessenta, não deixa de ser a mesma situação vivenciada hoje na sociedade por ações brasileira, como já se viu no panorama desenhado nos capítulos precedentes.

Como enfrentar esta situação com o pensamento reinante, é o desafio ao jurista contemporâneo. Se, de um lado, a lei quer proteger o menor acionista,[123] preservando o seu capital e, ao mesmo tempo, preservando os interesses da empresa,[124] de outro, não abre sequer a oportunidade de o pequeno investidor fiscalizar o exercício da administração. Esta pode ser extremamente vantajosa para o principal acionista, mas prejudicial aos secundários, que passam a ser simples coadjuvantes no cenário da empresa nacional, quando, paradoxalmente, a norma faz parte de um sistema que procura ampará-lo, e o ordenamento, fundamentado na Carta Magna, determina à ordem econômica cuidados à dignidade da pessoa humana. Como então operar a tensão "maioria-minoria", gerada pela insuficiência de meios de controle, administração e fiscalização para os que não detêm o poder, utilizando a norma que vige dentro do sistema imperial inoperante, e que, paradoxalmente, estão inseridos em um ordenamento que clama pelo respeito a princípios constitucionais certos e determinados, por vezes, e abertos, em outras ocasiões?

Como bem observa Rogério Leal:

"As diferentes normas positivadas têm de ser colocadas em correlação uma com as outras: porque seu verdadeiro significado aparece somente por comparação e contraste; ademais, as normas de conduta incluídas no direito não são algumas vezes expressas diretamente, mas somente mencionadas indiretamente em outras

---

[123] LIMA, 1994, p. 7-14. Este autor tece considerações a respeito da ilusória e enganadora expressão "minoritário", atribuída ao acionista que não possui o controle da empresa. Para ele, assim como à maioria da doutrina nacional e estrangeira, a expressão tem sido utilizada para exprimir algum (ou alguns) acionista contra o abuso do poder de que são destituídos, fixando-a como definitiva, no entanto, não obstante eventuais críticas.

[124] E muito mais: dando oportunidade a que o empresário, mediante captação de recursos, possa fazer crescer o seu negócio. O que se verifica, na prática, no entanto, não é isto. Certas sociedades limitadas são transformadas em anônimas apenas para que o detentor da maioria do capital possa exercer o total controle que aquele tipo de sociedade não permite, diante dos termos da lei específica e, por vezes, do contrato social. ASCARELLI, Tullio. *Problemas das sociedades anônimas e direito comparado*. São Paulo: Saraiva, 1969, p. 29, afirma que a falta de captação de recursos externos se dá nas companhias fechadas, familiares, sendo que "A freqüência desta situação se coordena, às vezes, com o (1) fraco desenvolvimento, no país, do mercado financeiro; com (2) a desconfiança do público pelas aplicações nas sociedades anônimas; às vezes, de outro lado, a freqüência das sociedades anônimas familiares prende-se ao fato de não existirem no país as sociedades por quotas de responsabilidade limitada." (Os números indicadores não estão no original.) Em nosso país podemos identificar com facilidade os problemas acima numerados.

normas, ou mesmo, elas possuem conotações das mais diversas (ideológicas, políticas, econômicas etc.)".[125]

Este processo comparativo e contrastante aparece claramente na visão constitucionalizante dos direitos e, no caso particular, do Direito Econômico e Comercial. A Carta Política de 1988 elegeu o Estado Democrático de Direito como norte de seus princípios, daí por que necessário estabelecer a noção de proteção tanto à iniciativa privada (arts. 1º, IV, e 170, da CF), como ao desamparado detentor do pequeno capital que investe, em atendimento ao princípio da isonomia (art. 5º). Cabe relembrar o que se afirmou no capítulo anterior, de que mesmo a liberdade de iniciativa, numa ordem econômica que é pautada pelo capitalismo, deve respeito à dignidade humana e a todos os princípios que daí derivam. Interessante também reafirmar que a necessária intervenção estatal, ao contrário de restringir direitos – capitalistas ou não – busca(ria) equalizar direitos. Então, como solucionar a questão das criações/alterações legislativas que restringem direitos dos acionistas minoritários em flagrante atentado aos princípios consagrados na Carta Magna?

Veja-se, por exemplo, que a legislação atual sobreleva, como em grande parte do mundo, o voto fundado no capital, sem dar importância à pessoa. A análise do direito de voto nas sociedades por ações tem sido objeto de reflexões significativas, especialmente quando se trata de examinar a estrutura democrática deste tipo de sociedade comercial, porque a conclusão a que se chega, com efeito, é de que esta democracia transformou-a numa entidade autocrática do domínio econômico.

Surge, então a relevância da hermenêutica para interpretação e aplicação dos diversos dispositivos que orientam a matéria que versa sobre a fiscalização do acionista não controlador sobre o controlador. Contornar o impasse criado pelo direito de voto fundamentado no capital, o uso abusivo deste direito, a questão dos acordos de acionistas que vêm em prejuízo dos que não detêm o poder, o sistema das assembléias, a conseqüente ineficácia do atual método para proteção do minoritário, são dilemas enfrentados diuturnamente pelos lidadores do Direito nesta área.

Enquanto procura-se preservar o princípio da livre iniciativa, busca-se dar um mínimo de atenção ao acionista minoritário, que acorre ao investimento com a esperança de bons lucros, mas vê-se frustrado pela ausência de possibilidade de qualquer intervenção/influência na administração e fiscalização da empresa. Estes os contrastes que reluzem, que se mostram vivamente e o intérprete não pode desconhecer.Também são estas as comparações que devem ser feitas

---

[125] LEAL, 2002, p. 94.

Acionista Minoritário na Sociedade Anônima
DIREITO DE FISCALIZAÇÃO

para desvelar e dar a conhecer a verdadeira intenção da norma positivada. Isto é, sem abrir mão dos princípios inseridos na lei orientadora, parte-se para o pensamento crítico, flexibilizando-se determinadas condutas para questionar a intangibilidade preconizada pelos dogmas fundamentais hoje existentes.

Por isso, é constante a busca para superar a dominação atual do sistema legislativo pela interpretação não-dogmática, prevenindo conflitos pelo uso racional de um discurso que convença ao detentor do poder acionário e aos operadores do Direito nesta área, a dar melhores condições de fiscalização àqueles que, mesmo sendo atores coadjuvantes, podem concorrer para o fim comum, que é a busca de mecanismos eficientes para o sucesso do empreendimento e, como conseqüência, do seu derredor.

Não é custoso lembrar que a lei de regência das sociedades por ações carrega na proteção dos acionistas que compõem o bloco minoritário. Para isto, existem alguns mecanismos que proporcionam a defesa desta estrutura minoritária, não obstante reconhecer a timidez com que a matéria vem tratada no sistema legal brasileiro. O desafio, então, é demonstrar a superação dos interesses majoritários (ou controladores) sobre os minoritários (não-controladores), procurando provar por meio de um raciocínio concludente a necessidade de quebra das estruturas atuais da interpretação dogmática. Em cada um dos direitos de fiscalização previstos no conjunto normativo atual, vê-se que há uma evidência emergente: a exigência de produzirem-se novas ações que reformulem os pré-conceitos admitidos até hoje como verdade absoluta.

Na prática é difícil tornar efetivos os direitos da minoria votante, seja porque seus detentores não se reúnem em conglomerados de ações que permitam uma quantidade razoável a impor suas condições, seja porque se desinteressam pelas próprias reivindicações diante das constantes derrotas assembleares. Em muitas ocasiões, cada acionista poderá ter a mesma força votante, mas os interesses comuns conduzem ao poder a proporção sempre majoritária. Esta convergência de interesses comuns – a assunção ao poder – prejudica, invariavelmente, qualquer agir do acionista minoritário que terá, inexoravelmente, seus pleitos derrotados nas assembléias. Ora,

> "o que é fundamental de ser salientado imediatamente é que a cidadania não significa apenas a atribuição formal de direitos a sujeitos, mas a efetiva concretização destes. Como diz Bobbio, 'uma coisa é falar dos direitos emergentes, direitos sempre novos e cada vez mais extensos, e justificá-los com argumentos convincentes; outra coisa é garantir-lhes uma proteção efetiva'".[126]

---

[126] OLIVEIRA JÚNIOR, 2000, p. 84.

Nestes últimos anos falou-se muito em direito do homem, sem qualquer utilidade prática. Em outras palavras, muito mais deitou-se falação do que, como diz o mesmo Bobbio,

> "se conseguiu fazer até agora para que eles sejam reconhecidos e protegidos efetivamente, ou seja, para transformar aspirações (nobres, mas vagas), exigências (justas, mas débeis), em direitos propriamente ditos (isto é, no sentido em que os juristas falam de 'direito')".[127]

Quer dizer, há uma distância grande entre a teoria e a prática. Há um aumento (multiplicação – o da universalização parece ser o óbvio) de direitos – quase uma proliferação, como ficou tentado a dizer Bobbio – pelo aumento de bens considerados tuteláveis, extensão da titularidade de alguns direitos típicos a sujeitos diversos do homem e porque o próprio homem passou a ser visto na concreticidade de sua forma de agir/ser na sociedade, abstraindo-se daquele pensamento genérico a respeito do "homem".

Evidente que se deve reconhecer que entre estes bens tuteláveis estão os interesses de acionistas na administração da sociedade, no sentido que se pretende examinar neste trabalho – de fiscalização da administração –, bem assim de que esta titularidade passeou da acepção de um "homem genérico" para o "homem específico", desconsiderado o seu potencial econômico, mas tendo em conta apenas a sua condição de integrante da sociedade, com todas as diferenças possíveis e constatáveis a olho nu.

Buscar a efetividade destes direitos deve ser o objetivo específico dos que lutam neste plano e procuram, mediante os métodos apropriados, desvendar a melhor forma – política, filosófica, econômica ou ideológica – de levar a efeito esta tarefa interpretativa. Ainda que a temática não seja inexplorada, há um campo de pesquisa e estudo notáveis, por ser pouco tratado na doutrina e na jurisprudência nacionis. A experiência mostra que há um pequeno número de demandas judiciais para o exercício do direito das minorias nas sociedades por ações, o que gera a pobreza de precedentes; já a doutrina atrela-se, ainda, ao sistema tradicional, o que ocasiona a disponibilidade de um tema inesgotado.

Pretender estudar e compreender a nova visão hermenêutica que se deve dar no tópico específico de proteção ao exercício de fiscalização dessas minorias nas sociedades por ações não é, portanto, tarefa facilitada. Com Rogério Leal:

---

[127] BOBBIO, Norberto. *A era dos direitos*. Rio de Janeiro: Campus, 1992, p. 67-68.

Nessa perspectiva, quando se busca definir o que o Direito é, na verdade, está se perguntando o que ele vem a ser, nas transformações incessantes do seu conteúdo e forma de manifestação concreta dentro do mundo histórico e social, acepção distante do alcance de um saber meramente dogmático e desprendido das conjunturas sociais.[128]

Não se pode esquecer a importância da sociedade por ações na formação da sociedade capitalista. Todavia, não se deve olvidar, por igual, de que ela também deve participar da transformação exigida no mundo globalizado, que é a inserção do número máximo de pessoas possível na partição das riquezas que ela proporciona a um hoje número mínimo, numa escalada piramidal imprópria aos fins sociais de que a sociedade anônima é portadora.

3.2. As insuficiências redutoras da idéia tradicional de fiscalização societária

A interpretação das questões jurídicas com o auxílio da hermenêutica tem apresentado resultados satisfatórios quando se fala em quebra das estruturas da interpretação dogmática. Sem pretender ingressar profundamente no tema, porque o escopo do trabalho é procurar tão-só interligar a lei das sociedades por ações – e o corte que conduz aos direitos dos acionistas minoritários na fiscalização da administração/controle – com as mudanças ocorridas no mundo jurídico brasileiro, demonstrando a estagnação que esta parcela do Direito Comercial experimenta, mostra-se essencial a colocação do pensamento filosófico que tem contribuído para a investigação hermenêutica fora do dogmatismo.

Isto pode contribuir para o aperfeiçoamento do instituto das sociedades comerciais e mesmo do Direito Comercial, matéria pragmática por excelência, mas nem por isso infensa a qualquer mudança de rumo, na busca do bem-estar da sociedade em que vicejam as empresas que ostentam esta natureza. Mas, a batalha não se mostra facilitada por esta primeira e apressada conclusão. Pelo contrário, qualquer ruptura enseja discussões, e os defensores da manutenção do atual estado de coisas não admitem seja possível argumentar contra as estruturas atuais, que mantêm o controle pelo capital – e só pelo capital – sem preocupações com o mundo exterior. Douram a pílula e não enxergam a catástrofe que se avizinha. Ou melhor, defensores da idéia de uma nova sociedade por ações existem, mas logo tachados de pregadores no

---

[128] LEAL, 2002, p. 96.

deserto, visionários e considerados como amparados em idéias utópicas.

Esquecem-se, preliminarmente, de que as sociedades por ações inserem-se no mundo de hoje, participam da atividade produtiva, fazem parte da ordem econômica e são vitais na formação, estruturação e desenvolvimento de comunidades locais, regionais e nacionais; contribuem para a melhor distribuição da renda; criam seus próprios mercados e os mercados de outras sociedades; espargem sua influência até na política; enfim, têm participação ativa na vida social. Não se isolam, portanto. A questão é: por que também não se abrem à discussão de seu futuro que, ao fim e ao cabo, acaba sendo a sorte dos seus associados ou, em escala de maior abrangência, dos seus empregados e da comunidade em que vivem?

A resposta encontrada por Viviane Forrester é insuficiente. Para esta autora, tudo se resume ao lucro e por ele criam-se abismos cada vez mais consideráveis entre a população carente de oportunidades e os demais, estes últimos ensimesmados em idéias prenhes de retrogracidade.[129]

Mesmo discordando de parte de suas conclusões, deve-se convir que na teoria de quem não quer mudanças – ou as pretende apenas em benefício de pequena parcela da população, deixando de lado esta coisa desprezível que não se amolda ao mercado, considerada como refugo social – o lucro sempre será a fonte de solução de todos os problemas e por ele e com ele persistem os mesmos equívocos e lançam-se amarras àqueles que pretendem penetrar no aparentemente impenetrável mundo dos negócios contábeis, numéricos, sociais de uma sociedade anônima.

É que o trabalho insidioso e persistente da propaganda enraíza reflexos condicionados, onde o lucro é considerado e exposto apenas como necessário, sem o qual a própria sociedade iria à falência. Ou seja, "Vivemos acorrentados no interior de tal não-dito, de tal política inteiramente ligada a esse não-dito preponderante, tacitamente aceito, dessas lógicas inevitáveis, posto que dele decorrem, e que não precisam ser demonstrados".[130]

É por isso que Lenio Streck afirma, fundamentado em Heidegger,[131] que o sentido da pergunta pelo "ser" foi perdido nos tempos atuais, apesar das valiosas indicações de Platão e Aristóteles. Se se perguntar "quem é o homem?", "o que é o homem?", "qual o seu papel no Universo?", verifica-se que a simples formulação pressupõe algum conhecimento de seu objeto, sem o que não seria sequer possível

---

[129] FORRESTER, 2001, *passim*.

[130] FORRESTER, 2001, p. 15.

[131] STRECK, 2000, p. 179 e 181.

enunciá-la. Na descrição do *Dasein* (ser existente, ser que está aí, ser-aí, ou, como preferem os tradutores das línguas neolatinas, pre-sença)[132] não se pode partir de uma idéia da existência, mas de sua realidade cotidiana, pois "estar no mundo" é a determinação fundamental do *Dasein*. O mundo não é uma simples soma, enumeração de objetos e coisas; sim, um contexto, uma totalidade que o compõe. Então, se o mundo está implícito no sujeito e em todas as coisas que o cercam é, a rigor, um existir com, coexistir em relação ao todo e tudo existente, numa relação comum de homem e coisas existentes, num cotidiano comum. Mas, justamente nesta existência cotidiana é que surge o problema do homem atual: o anonimato, pois o homem se dilui nesse "todo mundo".

Colocado assim, o homem está "jogado no mundo" cheio de coisas ao seu redor que ocupam espaço no seu cotidiano, oculto, portanto, pela cotidianidade dessa existência por ele mesmo proporcionada, mergulhado na mais profunda condição de abandono reconhecida na trajetória humana. Este anonimato é o viver inautêntico de Heidegger. E, como um ser inautêntico, indivíduo sem originalidade, expressa-se com uma linguagem, um discurso inconsciente e inconsistente. Esse falatório do discurso moderno do homem atual, revelado pelo seu cotidiano de anônimo, leva fatalmente à alienação. Este é o mal da civilização contemporânea.

Vivemos, portanto, no mundo do fato consumado, da conseqüência permanente e fora de julgamento. O indivíduo não tem voz e, se a tiver, tira-se dele a reação pelo voto, como acontece nas sociedades que se (tra)vestem de comerciais, mas têm importância vital na formulação das políticas públicas pela influência gozada no meio da comunidade.

Então, partindo do argumento de Heidegger, sobre o discurso alienado,[133] a proposta é o despertar para a necessidade de escapar do trágico destino descrito pelo filósofo: a inautenticidade do discurso ou do falatório alienado, cuja interpretação não é individual mas já previamente estabelecida pelo cotidiano, pelas estruturas, pelas instituições e pela rotina em que os seres humanos estão inseridos. Fazer a interpretação de um discurso, de um fato, julgar algo ou alguém, exige senso crítico, e este só é possível se se criarem condições de escapar das regras pré-moldadas; se se romperem as amarras tradicionais do significado das palavras cotidianas.

O tradicional discurso interpretativo que vigora nas atuais instituições e até no sistema como um todo, tem se apresentado como forma de

---

[132] Ibid., p. 178, nota 317 na obra do autor, onde se encontra melhor explicação sobre a tradução de "Dasein".

[133] SAFRANSKI, Rüdiger. *Heidegger. Um mestre da Alemanha entre o bem e o mal.* São Paulo: Geração Editorial, 2000, p. 185-212.

manutenção, pelos detentores do mando efetivo (econômico, principalmente) e pelo Poder Legislativo – criador das leis e regras do comportamento social – da ideologia atuante no poder. Estes atores dominam o discurso, dando o significado ao texto, conforme a relação particularizada de suas idéias e teorias. Amarram a interpretação e a consciência à sua ideologia, de modo explícito ou implícito, originando os estilos políticos como fisiologismo, doutrinarismo, dogmatismo, nacionalismo e outros tantos usos particulares da interpretação ideológica. Assim, a função social do texto legal passa a ser a manutenção do poder de determinada ideologia particularizada ou político-partidária, com reflexos, pela atuação efetiva, na ordem econômica e social.

O texto ideológico é um sistema de idéias conexas que conduzem a ações e que compreendem tipicamente um programa, uma estratégia para a atuação, destinando-se a mudar uma ordem ou comportamento político, social ou econômico já existente ou não. O que se tem visto, na prática, é um texto legislativo elaborado com finalidade específica e induzente de interpretação prévia, destinada a sustentar ou a contestar parcelas e grupos de parte do poder político reinante, sem qualquer preocupação com o sentido do ser.[134]

A função social e comunitária, de bem-estar do todo, passou pois, a ser secundária no texto legal, resultando em massa humana alienada, solitária e abandonada num mundo de coisas. Assim, a sociedade hoje está à deriva em função do discurso inautêntico.

A questão das companhias e a proteção das minorias na fiscalização da administração e do controle não foge desta regra. Fruto da sociedade capitalista, prende-se ainda à ortodoxia citada por Valverde, o elaborador do primeiro projeto de lei nacional que se preocupou com as sociedades anônimas, de que os "Interesses contrapostos ou superpostos, resultantes da diversidade de títulos, levam comumente as companhias à ruína, provocam discussões pelos tribunais, sempre prejudiciais ao crédito delas".[135]

Já na época sopitava-se a possibilidade de reação e pensava-se mais no objeto do que no sujeito; mais na formação do particular (na acepção de interesse protegido do majoritário, detentor do poder), em detrimento do universal (em benefício do maior número de pessoas, considerando que os acionistas minoritários sejam integrantes da

---

[134] STRECK, 2000, p. 179, afirma: "Nas palavras de Heidegger, a questão sobre o sentido do ser só é possível quando se dá uma *compreensão do ser*. O sentido se articula simbolicamente. Encontramos o *Dasein* na estrutura simbólica do mundo. O *Dasein* se comporta compreendendo. A compreensão do ser pertence ao modo de ser deste ente que denominamos *Dasein*. Quanto mais originária e adequadamente se conseguir explicar esse ente, maior a segurança do alcance na caminhada rumo à elaboração do problema ontológico fundamental."

[135] VALVERDE, Trajano de Miranda. *Sociedade por ações*. 2. ed. Rio de Janeiro: Forense, 1953. 1 v., p. 33.

maioria sem poder),[136] esquecendo-se da lição de Gadamer, fundamentado em Hegel, de que

"A formação como elevação à universalidade é pois uma tarefa humana. Exige um sacrifício do que é particular em favor do universal. O sacrifício do particular, porém, significa negativamente: inibição da cobiça e, com isso, liberdade de seu objeto (*Gegenstand*) e liberdade para sua objetividade".[137]

Em tema de sociedade por ações, a observação do filósofo serve como luva apropriada à discussão que se pretende estabelecer neste texto, independentemente de que possam ser considerados como integrantes de algum programa ideológico. Procura-se abstrair qualquer interpretação deste jaez no correr do trabalho, mas não se pode ocultar que algumas questões escapam deste controle e, por isso, parece que compõem programas ideológicos, sem ser deles integrantes.

Inegável a existência das diferenças até agora expostas: partem da própria estrutura das sociedades anônimas, passam pela intransigência da dominação majoritária, influenciam a condição psicológica de subalternidade das minorias acionárias, integram-se ao instituído e contrários a modificações. Resultado destas inúmeras dissensões, parece óbvio o surgimento de tensões a embaciar cada vez mais o futuro das relações internas das sociedades por ações.

3.3. A tensão entre maioria-minoria no controle, administração e fiscalização da companhia

Deve-se buscar um equilíbrio entre os diversos interesses concorrentes na sociedade anônima, para não privilegiar uns em detrimento de outros, ou prejudicar o andamento dos negócios do empreendimento. Isto cria uma natural tensão entre maioria e minoria, o que é revelado pela própria legislação, conforme vimos. Nas pequenas sociedades, normalmente, as questões podem ser resolvidas, pois o bloco minoritário fica mais próximo da administração, imperando o diálogo como regra. Mas, nem sempre isto ocorre. O problema surge com maior complexidade nas grandes corporações, pois a tendência dos adminis-

---

[136] Ao contrário do que pensa LAMY FILHO, Alfredo. Considerações sobre a elaboração da Lei de S.A. e de sua necessária atualização. *Revista de Direito Mercantil*, São Paulo: Revista dos Tribunais, n. 104, 1996, p. 86 apud BULGARELLI, Waldirio. *Regime Jurídico da proteção às minorias nas S/A*. Rio de Janeiro: Renovar, 1998a, p. 7, afirmando que "essas leis tendem à universalização."

[137] GADAMER, Hans-Georg. *Verdade e Método. Traços fundamentais de uma hermenêutica filosófica*. Tradução Flávio Paulo Meurer. Petrópolis, Rio de Janeiro: Vozes, 1997, p. 51.

tradores é ficar ao lado dos grandes acionistas, menoscabando os minoritários.

Os diversos mecanismos colocados à disposição do acionista minoritário pela lei, na visão de Garrigues, referem-se à hipótese de deixar "suspenso" o princípio majoritário, concedendo-se à minoria ou ao acionista, isoladamente, o direito de resistir, de se opor a uma deliberação majoritária sem necessidade de invocar que a Assembléia Geral excedeu sua competência, ou que ocorreu a transgressão da lei ou do estatuto, ou a violação do interesse social.[138]

Segue afirmando que

"A lei, neste caso de defesa estrita da minoria, protege a atitude discrepante da minoria, sem perguntar se é ou não fundada, se é ou não razoável, se se inspira ou não no verdadeiro interesse social. À falta de um critério de razão, atende a lei a um critério matemático de quantidade e declara que quando a minoria tem dez por cento ou quando tem vinte por cento do capital, o grupo minoritário pode se opor à deliberação majoritária por esta forma que podemos qualificar de arbitrária, pois não há necessidade de apresentar razão à oposição".[139]

Não obstante referir-se à lei espanhola, tem razão o mestre, porque a brasileira satisfaz-se apenas com o critério da quantitatividade e também oferece algumas possibilidades de, por exemplo, exercer o minoritário o seu direito de fiscalizar a administração, sem oferecer qualquer justificativa para tanto (art. 161, da Lei das S/A),[140] como se verá em capítulo específico adiante.

Há casos, inclusive, que grave se mostra o problema de proteção da chamada "maioria desorganizada", citada por Jorge Lobo,[141] em que a maioria dos acionistas das grandes empresas não se interessa pelo exercício diuturno e permanente da atividade empresária, quando então ocorre a transferência da perplexidade do intérprete, pois a proteção deles identifica-se, paradoxalmente e em certo sentido, com a tutela da minoria.

---

[138] GARRIGUES, Joaquín. *Problemas atuais das sociedades anônimas*. Tradução Norberto Caruso MacDonald. Porto Alegre: Fabris, 1982, p. 29.

[139] GARRIGUES, 1982, p. 30.

[140] Capítulo XIII. Conselho Fiscal. Composição e funcionamento. Art. 161. A Companhia terá um Conselho Fiscal e o estatuto disporá sobre seu funcionamento, de modo permanente ou nos exercícios sociais em que for instalado a pedido de acionistas. (...) §2º O Conselho Fiscal, quando o funcionamento não for permanente, será instalado pela assembléia geral a pedido de acionistas que representem, no mínimo, um décimo das ações com direito a voto, ou 5% das ações sem direito a voto, e cada período de seu funcionamento terminará na primeira assembléia geral ordinária após a sua instalação.

[141] LOBO, Jorge. Proteção a minoria acionária. *Revista de Direito Mercantil*, São Paulo: Revista dos Tribunais, v. 36, n. 105, p. 25-36, jan./mar. 1997.

Comparato encontrou, na França, exemplo de sociedade que teve a assembléia geral instalada com um acionista, detentor de uma só ação, e que foi reconhecida como legal pelo Judiciário.[142] No Brasil, a Lei 6.404/76 admite a constituição da assembléia de acionistas com a presença apenas de minorias que representem, no mínimo, um quarto do capital social com direito a voto – este, por sua vez, pode constituir apenas um terço do capital total.

Tal "anomalia do sistema" pode ocorrer na chamada do público para subscrição do capital. Observa Bulgarelli que

> "(...) a dispersão excessiva dos acionistas possibilita a um pequeno grupo, coeso, tomar o controle da sociedade, face ao que já vimos, como Ascarelli e outros autores chegaram a constatar, que, em geral, o problema da proteção às minorias se convertia, no fundo, em proteção às maiorias".[143]

A questão assim posta revela a necessidade de ter-se o máximo cuidado na solução de cada uma das controvérsias que possam surgir. Rubens Requião vai ao ponto de criticar a expressão "proteção da minoria", pois esta pode levar a certas confusões como, por exemplo, quando a proteção se dá justamente àquele grupo que, pela dispersão das ações, controla a sociedade pela minoria. Segundo ele, então, o melhor é falar em "proteção do acionista", pois essa proteção sempre seria concedida "ao acionista que não dispuzesse do controle, ou não pertencesse ao grupo que o exerce".[144]

Deve ser reconhecido – e mais de uma vez neste texto chamou-se a atenção para este fato – que o poder de controle nas sociedades por ações rege-se pelo princípio da maioria, com as exceções admitidas pelo regramento societário. Franceschelli adverte que persiste "a idéia simples de que não há sociedade sem controle assim como não existe empresa sem empresário".[145] Mas outros valores também devem ser levados em consideração, mormente quando examinados sob o ponto de vista da fiscalização do controle exercido pela maioria e quando esta não abre espaço para a participação minoritária nos órgãos de administração e fiscalização.

A correção do descompasso entre o sistema jurídico e a realidade social é também um desafio para o jurista, conforme alerta Comparato, que, por igual, reconhece a existência e a necessidade do poder, "como elemento fundamental da economia societária, deixando-se, por conseguinte, de considerá-lo como simples fato extrajurídico", citando Asca-

---

[142] COMPARATO, 1977, p. 46.

[143] BULGARELLI, 1998a, p. 17.

[144] REQUIÃO, Rubens. O controle e a proteção dos acionistas. *Revista de Direito Mercantil*, São Paulo: Revista dos Tribunais, v. 15/16, p. 23-36, 1973, p. 30.

[145] *Apud* COMPARATO, 1977, p. 5.

relli. Ressalva, no entanto, a exigência de "disciplinar-lhe o exercício, assinando ao seu titular os deveres e responsabilidades de que, atualmente, se considera desvinculado por completo".[146]

Mas, quais os limites a serem impostos nesta disciplina aos detentores do poder? Se a lei concede a vitória à maioria, não se admite a contraposição de interesses eventualmente atingidos? As respostas, segundo a dogmática jurídica, devem ser encontradas na lei ou no estatuto, que faz lei entre os acionistas, desde que o mesmo estatuto não seja contrário à lei. Para estes, os limites estariam na decisão da maioria, pois segundo Pontes de Miranda:

> "A deliberação da assembléia geral, nas sociedades por ações, (...) é negócio jurídico unilateral, ou ato jurídico *stricto sensu*, ou ato-fato jurídico ou fato jurídico *stricto sensu*, porque exprime a vontade de todos os acionistas, em processo de manifestação unitária de vontade, a despeito da provável falta de unanimidade, e unilateral, porque não há, do outro lado, qualquer figurante, como existiria se fosse contrato".[147]

No foro assemblear tudo se decide, como afirmam Sasot Betes e Sasot: "La sociedad anónima, en cuanto persona jurídica, necesita de órganos que le permitan definir la voluntad social".[148]

Esta "vontade social", que exclui "qualquer figurante" do outro lado, demonstra os limites a que estão submetidos os acionistas minoritários. Assim colocados, parecem destinados a receber sua parcela de lucros e os dividendos que lhes cabem, sem qualquer possibilidade de discussão a respeito da administração, se certa ou errada. Ao comparecer à assembléia geral de acionistas, sabem que serão derrotados. Se não conseguirem argumentos suficientes para sensibilizar a maioria, nada valerão suas intervenções. Não obstante, garantida sua participação na discussão, na hora do voto a maioria se encarrega de sufocar qualquer tentativa de sublevação da ordem previamente estabelecida.

Pelo atual modo de operar dos juristas, esta é a visão que se tem das sociedades anônimas, da aplicação do princípio da maioria nas decisões e da falta de fiscalização dos minoritários. Fruto do capitalismo e do sistema liberal, a imposição da vontade do dono do capital foi a saída encontrada. Colocada a questão da maioria, o exclusivo sentido da lei é este e dele não se pode afastar, pois esta é a vontade da lei e esta foi a vontade do legislador, apesar da pretensa proteção que se quer

---

[146] COMPARATO, 1977, p. 5.

[147] MIRANDA, Pontes de. *Tratado de Direito Privado*. 3. ed. Rio de Janeiro: Borsoi, 1984. Tomo L, p. 279.

[148] BETES, Miguel A. Sasot; SASOT, Miguel P. *Sociedades Anónimas: el órgano de administración*. Buenos Aires: Depalma, 1980, p. 31.

dar ao minoritário. Interpretar literalmente a lei é nada mais do que repeti-la em suas próprias palavras ou o que o legislador procurou expressar quando elaborou a lei.

Ora, tal agir leva ao prejuízo daqueles que, ingressando no mundo que naturalmente se lhes coloca à frente – possibilidade de crescimento social e econômico mediante subscrição de capital da sociedade por ações – têm seus interesses sopitados, competindo ao Judiciário acordá-los quando chamados para tal e, assim, complementar a já enorme parcela de intervenção estatal. Seria adotar a "tese substancialista" referida por Streck,[149] citando Cappeletti, na qual o

> "Poder Judiciário pode contribuir para o aumento da capacidade de incorporação do sistema político, garantindo a grupos marginais, destituídos dos meios para acessar os poderes políticos, uma oportunidade para a vocalização de suas expectativas e direito no processo judicial".[150]

Diz, ainda e sintetizando a corrente substancialista,

> "(...) que, mais do que equilibrar e harmonizar os demais poderes, o Judiciário deveria assumir o papel de um intérprete que põe em evidência, inclusive contra maiorias eventuais, a vontade geral implícita no direito positivo, especialmente nos textos constitucionais, e nos princípios selecionados como de valor permanente na sua cultura de origem e na do Ocidente".[151]

Ao lado disso, precisamos compreender a situação econômico/social da lei que regula a proteção da minoria na sociedade por ações e a sua posição na história – não seria o excessivo controle estatal imposto pela própria classe empresarial, com medo de que os operários, mediante a pulverização do capital acionário, tomassem o controle?[152] – para melhor conduzir o problema. Não se pode ficar preso ao sistema dogmático, pois o paradigma sempre será a proteção majoritária, relegando-se a minoritária para algumas e raras exceções. Este é o novo para o intérprete.

Nessa linha de pensamento, Streck acentua a importância da interpretação da norma, afirmando que "Gadamer na sua hermenêutica jurídica rompe com qualquer possibilidade de um saber reprodutivo

---

[149] STRECK, 2000, p. 42.

[150] Idem. Na nota 47 da sua obra, o autor recomenda "Consultar CAPPELETTI, Mauro, Juízes Legisladores? Porto Alegre: Fabris, 1988; DWORKIN, Ronald. *Lémpire du Droit*. Paris: PUF, 1994; Id. *Taking Rigths Seriouly*. Cambridge: Harvard University Press, 1977; VIANA, op. cit."

[151] Idem, p. 43.

[152] "O intervencionismo estatal também se constitui em defesa do capital contra as insurreições operárias, opondo-se à ilusão de igualdade de todos os indivíduos diante da lei" (SILVA, Reinaldo Pereira da. *O mercado de trabalho humano*. São Paulo: LTr, 1998, p. 45 apud STRECK, op. cit., p. 22).

acerca do Direito", ressaltando que o filósofo alemão "acentua que a interpretação da lei é uma tarefa criativa".[153] Diz que os diversos princípios que deve aplicar como, por exemplo, o da analogia, ou o que suprir as lacunas da lei, ou o princípio produtivo implicado na sentença, isto é, dependente do caso jurídico concreto, não representam somente problemas metodológicos, senão que entram a fundo na matéria jurídica.

Evidentemente, uma hermenêutica jurídica não pode contentar-se seriamente em empregar como padrão de interpretação o princípio subjetivo da idéia e intenção originárias do legislador. A partir do projeto hermenêutico de Gadamer, é possível pois, dizer que "a hermenêutica jurídica é uma proposta de descrever as condições reais do intérprete e não da oferta de critérios ou métodos científicos". Isto porque este intérprete é um sujeito integrado em um meio cultural e em uma tradição, fora da qual não é imaginável ter acesso a um texto determinado. Não cabe situar-se fora do ambiente cultural nem da cadeia interpretativa do texto. O que é necessário pretender, é dizer o mesmo que disse o texto, porém com minhas palavras, arremata.[154]

Concluindo, um novo paradigma na hermenêutica jurídica teria como base as teorias citadas acima, objetivando reformular, arejar, tomar consciência e desacomodar as práticas discursivas/argumentativas dos juristas, tentando restabelecer, assim, a capacidade de diálogo do Direito com a sociedade e sua realidade.

Para romper com a tradição inautêntica, no interior do qual os textos jurídicos, em especial a Constituição, são hierarquizados e tornados ineficazes, afigura-se necessário, antes de tudo, compreender o sentido da norma e da própria Constituição. Mais do que isso, trata-se de compreender que a especificidade do campo jurídico implica, necessariamente, entendê-lo "como mecanismo prático que provoca (e pode provocar) mudanças na realidade",[155] afirma o autor.

O conformismo dos juristas torna-se, por isso, inaceitável para a hermenêutica. Garrigues acentua esta crítica, não sem antes consolar-se que "em matéria de Direito é vã a pretensão de originalidade". Afirma o mestre espanhol que

> "Nós os juristas nos limitamos a pensar sobre o que os outros pensaram. Os juristas estamos (SIC) satisfeitos em lidar com essa maravilhosa máquina que é a sociedade por ações e nos entretemos em retocar essa máquina por meio de reformas parciais, por meio

---

[153] STRECK, op. cit., 196-199.

[154] Idem, p. 199.

[155] Idem, p. 201.

de reformas ortopédicas, com a finalidade de conseguir que cada dia funcione melhor o mecanismo".[156]

Mas, há muito a fazer, aproveitando-se da melhor interpretação que pode ser dada a cada uma das normas que governam os sistemas de fiscalização dos gigantes anônimos. Não se pode deixar de lado este notável instrumento do progresso associativo, como também não pode deixar-se governar por ele.

3.4. Ética a responsabilidade social das companhias na pós-modernidade

O sujeito que está no mundo, não pode negar a existência desses mecanismos jurídico/econômicos que estão colocados para dar marcha aos negócios, incentivando a produção industrial, comprando e dando forma à matéria-prima que outros produzem, vendendo seus próprios produtos e movimentando o comércio varejista, pagando salários para trabalhadores especializados e não-especializados, enfim, contribuindo para o processo de crescimento social e econômico de uma comunidade.

A convivência harmoniosa com essa realidade econômico-financeira, fruto deste século prenhe de contrastes sociais, deve passar a ter mais um componente: nova ótica sobre o discurso aquém dos maiores, dos poderosos, do tradicional, do estabelecido. Os menores estão se manifestando e descobrindo os seus direitos, sua existência, ou pelo menos estão tentando descobrir-se. Neste patamar de idéias é que se insere a interpretação do texto legislativo não mais como destinado a sustentar grupos minoritários que governam pela maioria do capital, mas sim pensando no bem-estar do todo, com uma postura nova, mais ética e justa: deixa-se de lado o objeto e pensa-se no sujeito.

No caso prático e representativo, veja-se o da captação da poupança popular que enseja a institucionalização do privado, intervindo o legislador cada vez mais nas relações entre a companhia que capta e o pequeno acionista que deseja ver o seu investimento rendendo. Mas, o problema maior ainda encontra-se quando ele procura saber a razão pela qual não está rendendo. O alijamento do minoritário da administração ou até das informações que possibilitem uma melhor fiscalização da administração, cria um poder desmedido para aquele que exerce o controle da companhia, colocando-o acima de tudo e de todos, negando-se, ao fim e ao cabo, solução jurídica para a própria solução legislativa criada pelo legislador. O desafio que emerge, então, é o controle do controle.

---

[156] GARRIGUES, 1982, p. 9.

A legislação nacional põe em relevo alguns aspectos que levaram Novaes França a afirmar que "A disciplina de proteção ao interesse social só veio a encontrar regulação mais completa e abrangente no direito positivo brasileiro com a promulgação da nova Lei das Sociedades por Ações – a Lei 6.404, de 15.12.76".[157] Esta parte da lei que demonstra interesse da companhia pela sociedade em que atua, abre pequena brecha para a defesa do acionista minoritário, tratado no parágrafo único do art. 116, como "demais acionistas da empresa", porque dá ênfase especial ao controlador que, no uso do poder deve fazer a companhia realizar o seu objetivo e cumprir sua função social, mas mesmo assim, incentiva o controlador a ter deveres e responsabilidades com os que estão sob seu império.

Não escapa ao observador e ao intérprete encorajado pela nova ótica proposta pela hermenêutica , contudo, que a lei atual busca uma duplicidade que, à primeira vista, parece inconciliável: a proteção ao acionista minoritário e a prevalência da maioria nas decisões sociais. Esta aparente contradição ainda não está bem resolvida como se pode verificar, por exemplo, no mesmo Novaes França, para quem "ao acionista em geral" – e aí pode-se incluir o minoritário, como objeto do presente estudo – "não compete senão perseguir os interesses da companhia," numa visão puramente contratualista. Já ao acionista controlador é que

> "toca a tutela dos interesses intra ou extra-empresariais, ou seja, dos interesses dos demais acionistas e investidores, dos trabalhadores, da comunidade e da economia nacional, tutela esta, portanto, vinculada a uma perspectiva institucional da sociedade por ações".[158]

O encontro do ponto de equilíbrio entre o interesse social, o interesse do acionista controlador ou não e o progresso da companhia e, por conseqüência, da comunidade em que viceja, é tarefa de senso crítico assumido dentro de uma ótica menos desigual, do legislador e do intérprete.

Existe uma tensão conjuntural entre acionista minoritário e majoritário, decorrente desta relação tradicional de subjugação. Há que se aguçar o senso crítico do intérprete uma vez que é imprescindível a constituição de critério que permita a aplicação segura dos direitos já existentes. Isto se mostra claramente, por exemplo, no pedido de instalação e na formação do Conselho Fiscal da companhia, onde são protegidos interesses do acionista ou grupo minoritário. A importante tarefa de fiscalização do órgão incentiva a potencialização das diver-

---

[157] FRANÇA, Erasmo Valladão Azevedo e Novaes. *Conflito de interesses nas assembléias gerais de S.A.* São Paulo: Malheiros, 1993, p. 54.

[158] FRANÇA, 1993, p. 56.

gências, cabendo ao intérprete a correção do descompasso entre o sistema jurídico e a realidade social.

A solução poderia ser encontrada na dogmática jurídica, que manda aplicar a lei e/ou o estatuto social, desde que o estatuto não seja contrário à lei! Tudo se decidiria no foro assemblear, onde está localizada a vontade social, sem importar-se com o outro figurante, levando Pontes de Miranda a colocar a decisão da reunião de acionistas como "negócio jurídico unilateral".

Tal agir, no entanto, leva a um prejuízo notório daqueles que têm seus interesses contidos, submetidos e reprimidos. A solução é o permanente intervencionismo público através do legislador – a institucionalização é cada vez maior na lei das sociedades por ações – e do Poder Judiciário, como poder moderador e, em especial, como intérprete da vontade geral implícita no direito positivo.

A partir desse raciocínio, a hermenêutica jurídica tradicional ocupar-se-ia tão-só em interpretar o princípio subjetivo da idéia e intenção originárias do legislador; a hermenêutica jurídica inovadora busca situar o intérprete dentro do contexto, do meio cultural e da tradição e da cadeia interpretativa do texto, significando o texto pelas palavras do intérprete. Com isto, certamente, o sistema de proteção das minorias acabará privilegiando o interesse social, os benefícios dos acionistas e preservando a empresa no mundo econômico. Haveria paz social e segurança do patrimônio, o mínimo que se deve oferecer em uma sociedade organizada e justa a um cidadão de direito. Além do que, a Constituição é clara quanto à defesa das minorias; importa, por isso, é pô-la em prática. Segregação é incompatível com as verdades constitucionais e com interpretações sérias de seu texto.

Já existem movimentos no sentido de criar condições para o estabelecimento de diversos caminhos que estabeleçam novas direções para as empresas, a fim de recriar uma cultura de conduta ética e responsabilidade social na atuação de empresas no meio comunitário em que nasceram, cresceram e passaram a viver.[159] Esta iniciativa pode ser transferida para os acionistas de uma sociedade por ações, numa construção plenamente viável, bastando transferir não o assistencialismo próprio das atividades sociais, mas sim o comportamento ético dos controladores e administradores das sociedades por ações.

Ora, a vida interior de uma sociedade por ações repousa, substancialmente, em um sujeito de direitos e obrigações – o acionista. O minoritário, no entanto, revela-se apenas pelas suas obrigações, sem que lhes concedam quaisquer direitos e, no momento em que se lhes retira o véu representado pela lei denominada de protetiva dos seus

---

[159] ASCHLEY, Patrícia Almeida (Coord.). *Ética e responsabilidade social nos negócios*. São Paulo: Saraiva, 2002, p. 102.

direitos, desvela-se que ele representa um papel subalterno na conformação da administração das sociedades.

Mais uma vez é bom que se observe não ser o escopo desta crítica o de abrir amplamente a administração e destruir o princípio capitalista do controle pelo majoritário. Pretende-se apenas obviar a necessidade de ter-se uma nova postura ética de relação do domínio do capital com o investidor pequeno, hoje afastado de qualquer discussão que envolva a administração societária. Isto passa, evidentemente, por novos conceitos de controle, ou, pelo menos, de gerência do controle. Para quebrar esta estrutura – sem desestruturar a ordem econômica como está posta, repita-se – deve-se questionar o porquê da concentração do fluxo de poderes, de informações e de influência apenas nas mãos de alguns, sem a correspondente integração dos outros atores da sociedade por ações.

Aliás, este comportamento ético também está presente na lei brasileira, quando prega a necessidade de diligência, atendimento do bem público e função social da sociedade e lealdade do administrador na condução dos negócios sociais (arts. 153, 154 e 155). Qualquer uma dessas atitudes previstas na legislação não podem ser compreendidas apenas como fator determinante do exercício das funções administrativas. Necessitam ser interpretados na acepção comercial e fora dela, numa concorrência de atributos que ensejem a melhor forma de atender os interesses da empresa – e, como conseqüência, dos acionistas – e os de outros segmentos sociais que dela dependam. Os minoritários se inserem tanto numa como noutra destas acepções, porque, ao lado de procurarem a obtenção de lucros, também fazem parte desta outra parcela de interessados.

Há um movimento crescente pela reintegração do homem despojado de maiores riquezas, mas ávido de participação, sem medo das armadilhas e das mentiras que possam ser engendradas pelas contas mal elaboradas, pelos balanços que disfarçam prejuízos e distribuem lucros apenas a alguns (aos mesmos, sempre: que governam e manipulam os atores subalternos). O sujeito de obrigações pretende vestir-se de direitos e participar ativamente do que de bom e melhor oferece o capitalismo, o liberalismo e a globalização. Mas, para isso, precisa ser inserido no sistema ao menos como ator coadjuvante.

Um dos modos pelos quais a legislação societária nacional previu a participação do acionista é através do Conselho Fiscal, órgão encarregado de contribuir para esta participação efetiva do minoritário na fiscalização da administração. O modelo vem traçado na lei e a observação oferece oportunidade a estudos e críticas, porque a redução de complexidade pretendida pela norma não alcança o resultado esperado, como se verá no capítulo seguinte.

4. A participação do acionista minoritário no conselho fiscal: o estado da arte

4.1. Introdução conceitual e competência legal do conselho fiscal

Existem dificuldades em conceituar historicamente o instituto e procurar a primeira manifestação escrita que defina a estrutura do Conselho Fiscal no âmbito das companhias.

A primeira notícia sobre a formação de um órgão fiscalizador no âmbito das companhias, surgiu com o acordo feito entre os diretores e co-participantes da Companhia Privilegiada das Índias Ocidentais, que foi também a pioneira manifestação prática de uma sociedade por ações em nosso País, na época da ocupação holandesa.[160] Os integrantes desse organismo tinham nítidos objetivos de servirem de informantes aos principais co-participantes – os acionistas majoritários da época[161] – sobre as contas a eles prestadas pelos administradores, também eleitos por aqueles. Os comissários, como eram chamados os conselheiros de então, eram igualmente nomeados pelos principais co-participantes, admitidos sob juramento e poderiam consultar livros, faturas e outros documentos e as mercadorias.[162]

---

[160] VALVERDE, Trajano de Miranda. *Sociedade por ações*. 2. ed. Rio de Janeiro: Forense, 1953. 1 v., p. 346.

[161] MIRANDA, Pontes de. *Tratado de Direito Privado*. 3. ed. Rio de Janeiro: Borsoi, 1984. Tomo L, p. 5, para quem "O participante tornou-se acionista."

[162] VALVERDE, Trajano de Miranda. *Sociedade por ações*. 1959, v. 2, p. 336. Este o texto do acordo: "Todas as contas mencionadas no art. XVI do privilégio deverão ser feitas em estilo comercial e prestadas aos comissários nomeados pelos principais co-participantes e admitidos sob juramento, dentro do prazo referido no citado art. XVI. Esses comissários deverão comunicar um resumo daquelas contas aos outros principais co-participantes e serão obrigados por juramento a não descobrir e a manter secreto tudo sôbre que os diretores devam guardar segredo. É-lhes extensiva a proibição que o art. XXXI do Privilégio faz aos diretores, relativamente a compras e vendas. Esses representantes deverão ter e exercer, em nome dos principais co-participantes, o direito dado e concedido aos agentes pelo art. XXVII e além disso poderão consultar para esse fim os livros, faturas e outros documentos e as cartas referentes ao comércio." Cita Cf. LEHMANN, Gesch. *Entw. Das Recht der Aktiengesellschaften*, p. 65.

Nessa época, as companhias recebiam o privilégio (*octroi*)[163] de, durante alguns anos, explorar a companhia. As companhias eram instituições reservadas ao Estado e submetiam-se à sua fiscalização.

Interessante notar que houve o desaparecimento do órgão fiscalizador da legislação quando as sociedades por ações passaram a ser de livre iniciativa, ainda que dependentes de concessão ou autorização, mas "que a prática continuava a introduzir na constituição das companhias", conforme anota Valverde,[164] citando como exemplo o Banco do Brasil, criado pelo Alvará/Decreto[165] de 12 de outubro de 1808, onde aparece o conselho fiscal, disciplinado nos art. 9º e 12. O mesmo se deu em 1850, com a edição do Código Comercial, quando regulou as companhias em capítulo a parte, sem prever qualquer espécie de controle pelos acionistas. Mesmo assim, não ficavam totalmente sem controle, pois deduz-se que "a prestação de contas dos administradores certamente decorria da sistemática geral das sociedades comerciais".[166]

Pelo Decreto 434, de 04/07/1891, que consolidou as disposições legislativas e regulamentares sobre as sociedades anônimas, torna-se obrigatória a instalação do Conselho Fiscal nas sociedades anônimas, composto de três ou mais fiscais e suplentes em igual número, conforme regulado no art. 118.[167] A ausência de remissão neste dispositivo e as que a citada consolidação faz nos artigos subseqüentes que tratam dos fiscais e sua atuação, demonstra a inexistência de disposição anterior sobre o organismo, mas ao mesmo tempo que normas esparsas anteriores regulavam uma certa forma de controle sobre as companhias.

As atribuições/deveres e responsabilidade dos fiscais foram bem resumidos por Russel

> "Os deveres dos fiscais são examinar, durante o trimestre anterior à assembléia, os lucros e o estado da caixa, sem que tenham direito permanente de exame, apresentar parecer à assembléia sobre os negócios e operações da sociedade, convocar assembléia extraordinária em casos graves e urgentes, dar parecer sobre o aumento de capital, concorrer com os administradores para designação de administrador provisório, deliberar com eles sobre ato ou operação, em que qualquer tiver interesse oposto ao da sociedade. Têm

---

[163] MIRANDA, 1984, p. 5, que utiliza a expressão *Oktroi*.

[164] VALVERDE, op. cit., p. 347.

[165] BULGARELLI, Waldirio. *Regime Jurídico do Conselho Fiscal das S/A*. Rio de Janeiro: Renovar, 1998b, p. 37, que utiliza a expressão "Alvará"; "Decreto" para VALVERDE, op. cit.

[166] BULGARELLI, op. cit., p. 38.

[167] FARIA, Bento de. *Código Comercial Brazileiro*. Rio de Janeiro: Jacintho Ribeiro dos Santos, 1912, p. 1.089.

os fiscais responsabilidade civil de acordo com as regras do mandato, cessando, entretanto, com a aprovação dos atos e contas dos administradores pela assembléia, e responsabilidade penal, quando cúmplices dos administradores".[168]

O destaque que se pode dar ao sistema então adotado e que vigorou até a edição do Decreto-Lei 2.627/40, é que os fiscais não tinham o direito permanente de verificação,[169] mas podendo realizá-la, em casos graves e urgentes, fora do trimestre legal.

Detectou-se a falha do órgão controlador, pelo sistema de escolha dos fiscais que deveriam acionar o órgão máximo da sociedade, "pois a maioria que elege os administradores elege também os fiscais", como observou argutamente Valverde, o elaborador do anteprojeto da nova lei que viria a ser editada em 1940.[170] A crítica de Pontes de Miranda foi mais longe ao afirmar que a eleição neste molde propicia uma "colaboração subordinada" dos membros do órgão aos administradores, reduzindo-o "por vezes a órgão de revisão de contabilidade, mero grupo de revisores de balanço", por isso fez elogios ao novo sistema brasileiro, implantado a partir da nova sistematização jurídica das companhias, concluindo que "As funções do Conselho Fiscal, no direito brasileiro, são mais amplas".[171]

Ao lado dessas inovações, sob novo comando legal a partir de 1940, com a edição do Decreto-Lei 2627 – melhor elaborado e mais simplificado que o anterior – surge a primeira tentativa de prestigiar os acionistas que não conseguissem opor-se aos mesmos que elegessem os administradores. Chamando-os de "acionistas dissidentes" quando representassem um quinto ou mais do capital social, poderiam eleger um conselheiro. Igualmente os acionistas preferenciais estavam contemplados na nova lei e tinham a primazia de eleger um dos membros do Conselho Fiscal.

Ripert também teceu loas às reformas que se procediam na lei francesa de 1935, introduzindo o "controle permanente" e um sistema de "incompatibilidades" com a finalidade de assegurar aos "comissários de contas", a sua "independência". Da mesma forma, com relação aos membros do órgão fiscalizador das contas, afirmava que deveriam ser "técnicos em contabilidade", para facilitar o exame dos papéis e documentos da companhia.[172]

---

[168] RUSSEL, Alfredo. *Curso de Direito Commercial Brasileiro*. 2. ed. Rio de Janeiro: Jacintho Ribeiro dos Santos, 1928. I v., p. 356.

[169] RUSSEL, op. cit., com a observação de que os fiscais tinham tal direito na Inglaterra, Bélgica, Hungria, Itália, Alemanha e Argentina.

[170] VALVERDE, 1953, v. 1, p. 348.

[171] MIRANDA, 1984, v. L, p. 413.

[172] RIPERT, 1954, v. II, p. 402.

Por aí pode-se ter uma noção de como nasceram as inovações na formação do Conselho Fiscal, que passou a ter o auxílio de conhecedores técnicos e a necessária autonomia que realmente oferecessem resistência aos abusos que pudessem ser cometidos pela administração. Além disso, também foram introduzidos os impedimentos que, orientando a atividade dos membros conselheiros, vigoram até hoje em nossa legislação, com aperfeiçoamentos, é claro.

A importância histórica da evolução do instituto jurídico que permite a fiscalização do minoritário, serve para dar a dimensão das paulatinas e constantes conquistas desta espécie de acionistas. O texto, então, faz uma abordagem inicial da competência legal que hoje vigora, depois demonstrando a autoridade e o prestígio com que foi colocado o Conselho Fiscal na Lei 6.404/76.

Emerge das determinações legais, a nítida preocupação em oferecer aos acionistas minoritários a possibilidade de intervir como fiscal do controlador, fornecendo-lhes mecanismos para propor a instalação do Conselho Fiscal e integrar a composição do órgão. No entanto, nem assim conseguem seu intento, porque controladores e/ou majoritários inescrupulosos conseguem contornar os limites que a lei lhes impõe com a utilização de artifícios tendentes a garantir a maioria até onde, teoricamente, não a possuiriam.

Esta abordagem crítica transparece no estudo realizado deste instituto, apesar do reconhecimento de que ocorreram sérios e importantes avanços. Aliás, é de ser enfatizado que há uma permanente idéia de privilegiar-se as minorias, justamente para tornar atrativo o investimento no mercado mobiliário, captando a poupança popular, que no Brasil está direcionada para outros papéis.

É dentro deste contexto que finalmente surge a nova Lei 6.404/76, consagrando a transparência nas relações sociais, aperfeiçoando os direitos dos minoritários e reconhecendo a existência de grupos societários, como destaca Arnoldo Wald, que completa a reflexão

> "(...) retomando a frase de um banqueiro alemão, que é em virtude da lei que o acionista minoritário deixa de ser um tolo e um arrogante. Um tolo quando entrega o seu dinheiro à empresa, comprando as ações, e um arrogante quando ainda pretende receber os seus dividendos".[173]

A competência do Conselho Fiscal foi ampliada, afirmando-se como efetivo órgão de controle e fiscalização da gestão e das contas dos administradores. Buscou também proteger o acionista minoritário, reservando-lhe a possibilidade de postular a instalação do órgão e

---

[173] WALD, Arnoldo. Dez anos de vigência da Lei das Sociedades Anônimas. *Revista de Direito Mercantil*, São Paulo: Revista dos Tribunais, n. 62, p. 5-11, abr./jun. 1986, p. 9.

conferindo ao conselheiro eleito certa independência de atuação, sem a subjugação dos seus atos aos interesses dos administradores ou mesmo daqueles que o elegeram. Não obstante a crítica que se possa fazer quando a composição exige requisito de conhecimentos técnicos, houve sensível inovação nas atribuições reservadas ao órgão fiscalizador, tendo a exposição de motivos delimitado-os assim:

> "Não é órgão de auditoria contábil, que somente pode ser exercida por organizações de profissionais especializados, mas de fiscalização dos administradores e de informação da Assembléia Geral, que poderá desempenhar papel da maior significação na defesa da companhia e dos acionistas ao acompanhar, efetivamente, a ação dos administradores, submetendo seus atos a apreciação crítica, para verificar o cumprimento de deveres legais e estatutários".[174]

Bulgarelli resume a sistemática da competência, colocando-a como coerente, enfatizando que o organismo fiscalizador da companhia localiza-se ao lado dos direitos de "informação, participação e fiscalização", servindo tanto aos acionistas em geral como aos minoritários. Também pode ser considerado "como uma *longa manus* desses mesmos minoritários através da Assembléia Geral, não se devendo esquecer contudo, que a atuação do órgão, pelos deveres e poderes atribuídos, serve a todos os interesses convergentes na sociedade e na empresa."[175]

A fixação da competência está no art. 163, seus incisos e parágrafos, e denota bem a importância que se deu ao Conselho Fiscal pela Lei 6.404/76, daí exsurgindo também a influência que pode ter o acionista minoritário ou o grupo de acionistas. Destacam-se as prerrogativas de fiscalizar os atos dos administradores, opinar e encaminhar parecer sobre o relatório anual à assembléia geral, denunciar à administração ou Assembléia Geral os erros, fraudes ou crimes que descobrirem e sugerir providências, convocar a assembléia ordinária se houver tardança na convocação pelos órgãos da administração, a extraordinária sempre que entender que existam motivos graves ou urgentes, analisar, ao menos trimestralmente, o balancete e demais demonstrações financeiras e solicitar informações e esclarecimentos aos órgãos de administração, entre outras.

Acertou-se com minudência, com a minirreforma da lei acionária, procedida no final de 2001, que os conselheiros fiscais podem exercer os atos de fiscalização também de forma individual, além da colegiada, é claro. Parece, em princípio, uma superfetação da lei, porque se a responsabilidade é individual, o conselheiro fiscal pode divergir da

---

[174] Art. 162: "Somente podem ser eleitas para o Conselho Fiscal pessoas naturais, residentes no País, diplomados em curso de nível universitário, ou que tenham exercido por prazo mínimo de três anos, cargo de administrador de empresa ou de conselheiro fiscal."

[175] BULGARELLI, 1998b, p. 45.

condução da fiscalização do conselho e tomar atitudes solitárias, a bem de resguardar sua posição. Há, no entanto, que separar-se aquelas decisões que dependem, fundamentalmente, do colegiado, mas que o conselheiro, individualmente, pode divergir, lançando essa circunstância na ata da reunião, a fim de ressalvar eventual responsabilidade pessoal.

Ao lado desses atributos legais, existem os deveres e responsabilidades, catalogados no art. 165 e seus parágrafos, aduzindo que aos membros do Conselho Fiscal são exigidas aquelas mesmas obrigações que aos integrantes da administração da companhia de que tratam os arts. 153 a 156. Respondem também pelos danos resultantes de omissão no cumprimento de seus deveres e de atos praticados com culpa ou dolo, ou com violação da lei ou do estatuto. Quanto aos atos ilícitos praticados por um dos conselheiros, são eles incomunicáveis, exceto se houver conivência ou se outro dos membros concorrer para a prática do ato. Há solidariedade quando houver omissão no cumprimento dos deveres, mas dela se exime o conselheiro dissidente, desde que a dissidência seja consignada em ata.

Considerada como novidade introduzida na legislação societária, o § 1º do art. 165 destaca que os membros desse órgão de fiscalização devem empregar todo zelo no exercício de suas funções e no exclusivo interesse da companhia. Não podem, também, abusar do direito que lhes confere a lei, no seu mister de fiscalizar, tanto que causem à companhia ou aos acionistas algum prejuízo, ou, ainda, obter para si ou para outrem, alguma vantagem a que não façam jus. Estas recomendações legais dizem respeito à atitude que todo homem probo deve observar na condução dos negócios seus ou alheios, seja na administração, como na fiscalização. Por isso, a reflexão de que a introdução do dispositivo na lei não traz qualquer novidade.

Várias outras tentativas de ampliar a influência dos minoritários na fiscalização da administração da sociedade não foram aceitas pelos influentes (e influenciáveis)[176] legisladores brasileiros, como quando se tentou fazer com que essa espécie de acionistas possuísse maioria no conselho. A tramitação da lei e as constantes emendas feitas e rejeitadas, culminando com a imposição de veto, pelo Presidente da República, à possibilidade de eleição de um membro "de comum acordo" entre minoritários e controladores sob o argumento de se criar uma "ditadura dos minoritários", comprovam tais assertivas.

---

[176] CARVALHOSA, Modesto; LATORRACA, Nilton. *Comentários à Lei de Sociedades Anônimas*. São Paulo: Saraiva, 1997. p. 334, afirmam: "A primeira proposta foi no sentido de que os minoritários – titulares de ações ordinárias e de ações preferenciais – elegessem a maioria dos conselheiros, o que causou grande reação por parte das companhias abertas, manifestada pela ABRASCA."

Mesmo diante das pouco atrativas reformas no conselho fiscal, não retiraram a autoridade de que goza o mesmo, colocado como órgão de ponta na fiscalização da administração, se utilizado de forma adequada.

4.2. A importância do órgão na fiscalização da administração da sociedade anônima

As poucas faculdades atribuídas aos minoritários não calaram os críticos do sistema, em especial pela continuada subordinação aos órgãos da administração, a falta de independência dos conselheiros e a baixa remuneração alcançada aos membros/fiscais, que são apontados como fatores de ineficácia do órgão de fiscalização.[177] "Assim sendo, o Conselho Fiscal comprometeu a confiabilidade que deveria caracterizá-lo", na apreciação acerba de Egberto Lacerda Teixeira e José Alexandre Tavares Guerreiro.[178] Porém, completam: "Espera-se que sua nova disciplina seja capaz de reabilitá-lo". Não obstante esta observação tenha sido feita antes da minirreforma, permanece bem atual, pois aguarda-se, ainda, uma nova disciplina para reabilitar tão importante órgão.

Com efeito, pelo apanhado histórico-legal e pelo exame da vigorante normatização do instituto, pode-se observar que os avanços foram lentos e graduais, culminando com a atual sistemática que, todavia, não esgota a matéria, porque a dinâmica das companhias, que se inserem no ativo empreendedor dos negócios, exige novos mecanismos na busca do aperfeiçoamento da democracia societária, sempre reclamada pelos investidores que pouco ou nada podiam realizar em prol do crescimento da sociedade na qual investiam. A brecha proporcionada pela Lei 6.404/76 e suas alterações é, na realidade, apenas outra pequena fenda aberta no totalitarismo plutocrático, cuja primeira fora aquela revelada pelo Decreto-lei 2627/40. Ou seja, levou-se quase trinta e seis anos para que houvesse um avanço nas relações maioria-minoria das sociedades anônimas, com nítida preocupação em dotar este último grupo de acionistas de mecanismos mais aperfeiçoados para a fiscalização institucional.

Com a providência principal de outorgar aos minoritários a possibilidade de efetiva fiscalização dos atos administrativos da sociedade, em tendo a iniciativa de instalação do Conselho Fiscal e participação como um dos membros do órgão, Modesto Carvalhosa e Nilton

---

[177] CARVALHOSA; LATORRACA, 1997, p. 367. Estes dois autores citam também os demais doutrinadores nacionais que dizem da ineficácia do Conselho Fiscal: Miranda Valverde, Cunha Peixoto, Eunápio Borges, Fran Martins, Rubens Requião e Campos Batalha.

[178] TEIXEIRA, Egberto Lacerda; GUERREIRO, José Alexandre Tavares. *Das sociedades anônimas no Direito brasileiro*. São Paulo: José Bushatsky, 1979. 2 v., p. 483.

Latorraca entendem que a fórmula utilizada produz o efeito desejado de conferir a plena eficácia do conselho, revestindo-o de "função e ao mesmo tempo de responsabilidade".[179]

Depois de elogiar a prerrogativa que têm os acionistas minoritários ou preferenciais de solicitar informações dos órgãos de administração sobre as demonstrações financeiras e contábeis, aduzem mais:

"Esse poder de diligência que cabe, individualmente, ao representante dos minoritários possibilita o levantamento de fatos, que produzirá efeito ou por deliberação do Conselho ou pela denúncia que o próprio representante dos minoritários poderá fazer à assembléia geral sobre tais irregularidades".[180]

Vê-se, portanto, que, não obstante a importância que se dá à proteção do acionista minoritário, não se exclui a livre ação dos que controlam a companhia como um todo ou somente a administração, pois estes são considerados como impulsionadores do objeto da sociedade e indispensáveis ao bom funcionamento do empreendimento.

A própria composição do esqueleto funcional da sociedade por ações, inadmite a revolta do acionista com menor número de participação no bolo acionário. Tanto que a lei não lhe oferece qualquer solução melhor no embate com os majoritários do que a dissidência da sociedade, chegando a enumerar o recesso como um dos "direitos essenciais".[181] Rubens Requião chama a atenção para o fato de que o acionista minoritário pode permanecer inerte, sem exercer qualquer "ato de agravo contra o controle, participando apenas da representação minoritária no conselho de administração e conselho fiscal".

Aí, segundo o mesmo autor,

"a dissidência seria, então, potencial, ficando evidente que essa minoria não adere à maioria, para nela se integrar. O que importa, portanto, na concepção de acionista dissidente, não é só aquele que esteja atuando contra a maioria, mas o que potencialmente se dispõe contra ela agir e se opor, mantendo à sua disposição os mecanismos jurídicos para a realização da proteção de seus interesses, a qualquer instante".[182]

Ou seja, a contínua possibilidade de movimentar o esquema protecionista do dissidente – ou minoritário atuante, ou desinteressado, como a eles se refere Requião – que se colocaria frente ao

---

[179] CARVALHOSA; LATORRACA, 1997, p. 368.

[180] Id., ibid.

[181] Art. 109: "Nem o estatuto social nem a assembléia geral poderão privar o acionista dos direitos de: (...) V – retirar-se da sociedade nos casos previstos nesta Lei".

[182] REQUIÃO, Rubens. Responsabilidade das maiorias e proteção das minorias nas sociedades anônimas. In: NOGUEIRA, Adalício et al. *Estudos Jurídicos em Homenagem ao Prof. Orlando Gomes.* Rio de Janeiro: Forense, 1979. p. 543-577, p. 559.

administrador, ao controlador ou ao grupo majoritário, funcionaria como uma espécie de espada permanente acima da cabeça destes últimos, a ensejar um também duradouro sinal de alerta de que ali estaria uma vigilância ininterrupta a bloquear eventuais tentativas de fraudar os interesses minoritários.

É preciso, nesta altura do desenvolvimento do texto, fazer a distinção que grande parte da doutrina faz sobre "os direitos da minoria" dos "direitos individuais dos acionistas", permitindo-se àqueles primeiros uma efetiva participação do grupo minoritário na vida da sociedade, e a estes, os direitos aos sócios individualmente considerados,[183] mesmo que a Lei 6.404/76 não tenha cuidado da minoria como uma entidade fechada, mas de acionistas minoritários como tais e sempre considerados individualmente. "Assim, pode-se afirmar, com Schmidt, que a minoria, perante o Direito brasileiro, constitui um agrupamento de fato, não reconhecido, enquanto tal, pela ordem jurídica".[184]

Então, é ao acionista minoritário – considerado em sentido amplo – que são reservadas as melhores chances de opor-se à maioria, em especial na fiscalização dos atos de administração, apesar da possibilidade de a fiscalização também poder ser exercida diretamente pelos sócios. Importa tanto a participação no Conselho Fiscal, que Rudolf Moser[185] entende-a como uma forma de se fazer representar na administração da companhia, a ponto de afirmar que a lei brasileira em vigor, reparte "as funções administrativas entre a diretoria e conselho fiscal", referindo-se ao art. 125 da Lei 2.627/40. Ou, como no dizer de Waldírio Bulgarelli, integrante de uma das três partes do poder da companhia.[186] Isto significaria a participação do minoritário no Conselho Fiscal e asseguraria, ainda que de forma indireta, uma ingerência muito forte não só no controle (no sentido de fiscalização), como – e principalmente – na administração social.

Sim, porque no rol de faculdades que são proporcionadas ao Conselho Fiscal, quando instalado, estão inseridos atos que podem ser praticados e que, se não atuam diretamente na modificação do modo

---

[183] LOBO, Jorge. Proteção à minoria acionária. *Revista de Direito Mercantil*, São Paulo: Revista dos Tribunais, v. 36, n. 105, p. 25-36, jan./mar. 1997. O autor traz extensa lista de doutrina alienígena a respeito do tema, mas destaca o brasileiro Waldírio Bulgarelli no trecho citado. Conclui por desdobrar o tema em "(a) tutela da minoria em sentido amplo ou proteção institucional da minoria ou direitos da minoria qualificada e (b) tutela da minoria em sentido estrito ou direitos dos acionistas externos ou direitos individuais dos acionistas."

[184] GUERREIRO, José Alexandre Tavares. O conceito de acionista minoritário e o direito das minorias. *Revista de Direito Público*, São Paulo: Revista dos Tribunais, v. 18, n. 76, p. 259-264, out./dez. 1985, p. 261.

[185] MOSER, Rudolf. A proteção da minoria de acionistas nos direitos brasileiro e suíço. *Revista dos Tribunais*, São Paulo: Revista dos Tribunais, n. 442, p. 12-15, ago. 1972.

[186] BULGARELLI, 1998b, p. 41.

de administrar a sociedade por ações, ao menos chegam a influenciar quando das deliberações da assembléia geral. A presença de um conselheiro nas reuniões do Conselho de Administração ou da diretoria da companhia também é considerada como fator inibitório à tomada de decisões que contrariem o estatuto ou a lei, ou, ainda, fraudem a expectativa dos associados. Por isso a afirmação pertinente que o órgão que exerce, especiosamente, a atividade fiscalizadora da companhia é o Conselho Fiscal, onde o acionista minoritário, pelo seu representante, tem meios para atuar nesse setor.[187] Fiscaliza contas e também a gestão, "com a intenção de proteger o minoritário, mas, certamente, com função própria geral e com independência de atuação, sem necessária sujeição aos que elegeram seus membros".[188]

Ao lado desta configuração fiscalista que exerce o Conselho, também encontram-se "atribuições de natureza política na salvaguarda dos interesses das minorias contra administradores inescrupulosos ou desidiosos".[189]

Por isso, os direitos individuais dos acionistas são intangíveis, de modo que nem o estatuto pode excluir e tampouco o acionista pode renunciar de forma definitiva e geral. "Na categoria dos direitos individuais", argumenta com a habitual correção Trajano de Miranda Valverde, "comuns a todos os acionistas, entra o de fiscalizar o funcionamento da sociedade", e o exercício desse direito pode e deve ser feito através do Conselho Fiscal.

4.3. Proposição de instalação

Na atual sistemática legal, o Conselho Fiscal das sociedades anônimas não tem funcionamento permanente obrigatório, como sucedia na lei anterior. Compete ao estatuto a disposição sobre o funcionamento constante ou temporário, esta última forma apenas para determinado exercício social e a pedido de acionistas. Mas, porque dotada de "poder-função deliberante", na feliz expressão de Fábio Konder Comparato,[190] é na assembléia geral dos acionistas, que se decide sobre se o funcionamento será ininterrupto ou apenas para preencher determinado objetivo. Considerando-o como "órgão permanente", mas com

---

[187] CAMARGO, Geraldo Carlos de Almeida. Direito das minorias na sociedade anônima. *Revista de Jurisprudência do TJES,* São Paulo: Lex, v. 75, p. 13-18, 1982.

[188] BULGARELLI, 1998b, p. 45.

[189] BATALHA, Wilson de Souza Campos. *Comentários à Lei das S/A.* São Paulo: Forense, 1977. II v., p. 743.

[190] COMPARATO, Fábio Konder. *O poder de controle na sociedade anônima.* São Paulo: Revista dos Tribunais, 1977, p. 14.

"funcionamento facultativo", Modesto Carvalhosa e Nilton Latorraca[191] propõem a obrigatoriedade de sua inserção no estatuto, afirmando que se assim não ocorrer, a lei interna da sociedade é inválida e o Registro de Comércio deverá recusar-se a arquivá-la.

Nas sociedades de economia mista o Conselho Fiscal tem funcionamento permanente, justificando-se a diferença pelo interesse público que congrega tal tipo societário e a sua híbrida formação acionária – o Estado que busca o interesse público e o investidor particular, que visa o lucro.[192]

No entanto, as sociedades anônimas abertas não têm a obrigação de manter em permanente funcionamento o órgão de fiscalização, o que recebeu a crítica de Waldírio Bulgarelli, citando Romano Cristiano e Claude Bérr:

"(...) causou espécie não ter sido estendida a opção para as companhias abertas, pelo aspecto de estar em causa a proteção à poupança popular, a que se poderia acrescer a sua adoção para certas instituições financeiras, como os bancos, por exemplo, que jogam duplamente com as economias populares: pela via acionária e da clientela".[193]

Falharam as tentativas de colocá-lo como órgão permanente na minirreforma de 2001, ao menos nas sociedades de capital aberto, como queria o projeto original. Todavia, venceram as forças conservadoras que não pretendem alterar substancialmente as diretrizes das sociedades anônimas, seguramente sob a mesma alegação retrógrada de que contraria "o espírito do moderno direito empresarial",[194] utilizada para vetar a eleição do terceiro membro do conselho por minoritários e controladores em conjunto.

Conforme expresso na Lei 6.404/76, é o pedido de acionistas que colocará em funcionamento o Conselho Fiscal e poderá ser formulado ainda que a matéria não conste do anúncio de convocação, em qualquer assembléia geral. Nesta mesma ocasião, a reunião dos acionistas deverá eleger os seus membros. Mas, enfatize-se, a assembléia geral ordinária somente será compelida a eleger os conselheiros em duas hipóteses: (a) quando a companhia tiver previsto em seu estatuto o caráter permanente do Conselho Fiscal; (b) tendo havido a devida manifestação de acionistas pela instalação do órgão se o regramento interno da sociedade assim prevê, em caráter transitório.[195]

---

[191] CARVALHOSA; LATORRACA, 1997, p. 370.

[192] LAMY FILHO, Alfredo; PEDREIRA, José Luiz Bulhões. *A Lei das S. A., pressupostos, elaboração, aplicação.* Rio de Janeiro: Renovar, 1992, p. 245.

[193] BULGARELLI, 1998b, p. 86.

[194] CARVALHOSA; LATORRACA, 1997, p. 336.

[195] TEIXEIRA; GUERREIRO, 1979, p. 484-485.

Não é a pedido de qualquer acionista, pois a lei coloca limites quantitativos, qualitativos e um termo de duração. Exige, com efeito, o mínimo de um décimo das ações com direito a voto ou 5% das ações sem direito a voto e cada período de seu funcionamento terminará na primeira assembléia geral ordinária após a sua instalação.

Não há referência às espécies de ações, mas tão-só ao aspecto de ter ou não direito a voto, isto porque a diferença existente entre as ações que possuem tal direito e as que não o possuem, não coincide com a de ações ordinárias e preferenciais. Diante disso, impende especificar que poderão exercer o direito de postular o funcionamento do órgão as ações ordinárias (art. 110), mesmo aquelas com limitação ao número de votos de cada acionista (§ 1º) e as preferenciais com direito a voto, ou com direito restrito de voto (art. 111), ou ainda, com a aquisição desse direito e enquanto ele perdurar (§ 1º).

Em relação ao não-exercício de voto pelas ações ao portador, porquanto o art. 112 concede o direito somente aos titulares de ações nominativas, endossáveis e escriturais, melhor se adapta ao arcabouço protetivo da minoria a interpretação de que as ações preferenciais ao portador também poderão participar da composição do volume para efeito de aferir o percentual necessário para o exercício do direito previsto no art. 161, § 2º.

O fato de a proposição para instalação e funcionamento do Conselho Fiscal ficar a critério de acionistas que podem representar pequena parcela do capital social, levou Fábio Konder Comparato a considerá-lo como uma "restrição ao poder de controle". Afirma também que, segundo os termos da lei, pode-se "falar em controle majoritário simples, e majoritário absoluto, conforme exista ou não uma minoria qualificada".[196]

Questão importante diz respeito ao volume de ações necessário para o exercício do direito previsto na lei. Nas pequenas e médias companhias a matéria parece ser de somenos. Não, porém, nas grandes empresas anônimas, nas quais o capital chega a valores enormes para o pequeno acionista, que ficará alijado de qualquer possibilidade de exercer a influência prevista na proposição de instalação e funcionamento do órgão fiscal. Observe-se que nem se está falando do investidor que eventualmente possa estar apostando suas economias em determinada sociedade, mas sim daquele que tem grandes somas investidas e nem assim estará habilitado a ingressar com o pedido na assembléia geral.

O art. 291 ressalva que a Comissão de Valores Mobiliários poderá reduzir a porcentagem mínima aplicável às companhias abertas, em escala e em função do capital social. Mediante instruções específicas a

---

[196] COMPARATO, 1977, p. 43.

CVM fixa escala redutora da participação mínima em relação ao capital social.[197] Não é o bastante, pois empresas que captam capital de investidores populares e possuem ações em bolsa, têm capital maior que o máximo da escala, daí por que sempre a exigência de determinado percentual se mostrará elevada. Na mesma medida do crescimento da empresa anônima, crescem as dificuldades de fiscalização das minorias.

O ideal preconizado na doutrina[198] seria a abertura total para todo e qualquer acionista exigir se coloque em atividade o Conselho Fiscal, sem a necessidade de perquirir sobre a qualidade e a quantidade de ações possuídas. Tal sugestão afastaria a restrição hoje imposta à fiscalização da administração, numa abertura com destino à democratização do sistema e contribuindo para maior transparência dos atos praticados pelos administradores, sejam eles controladores ou não da companhia.

4.4. Composição do órgão de fiscalização e o problema da maioria na minoria

A questão ventilada sob este título pode suscitar algumas divergências no campo doutrinário e na jurisprudência, pois envolve a discussão de tema pertinente ao número de conselheiros a serem eleitos e ao princípio majoritário imperante na lei societária. Ou seja, no tema agora proposto é a partir deste ponto que estimulam-se as tensões – latentes ou reais – entre majoritários e minoritários. Outro detalhe é se o número de conselheiros deve ser fixado no estatuto ou deixar a assembléia geral livre para deliberar a respeito.

A norma legal que trata da matéria vem disposta em duas letras do § 4º, do art. 161, disciplinando que os titulares de ações preferenciais sem direito a voto, ou com voto restrito, terão direito de eleger, em votação em separado, um membro e respectivo suplente.[199] Igual direito terão os acionistas minoritários, desde que representem, em conjunto, 10% ou mais das ações com direito a voto, e os demais acionistas com direito a voto poderão eleger os membros efetivos e suplentes que, em qualquer caso, serão em número igual ao dos eleitos pelos preferencialistas e minoritários mais um.

---

[197] Ver, como exemplo, a Instrução CVM 324, de 19 de janeiro de 2000.

[198] BULGARELLI, 1998b, p. 91, citando Romano Cristiano.

[199] O DL 2627/40 também admitia a eleição de membros por acionistas preferenciais, sem especificar o número mínimo necessário de ações, o que levou VALVERDE, 1959, v. 2, p. 355, a anotar que "Um só acionista preferencial, com uma única ação, tem, pois, o direito de indicar um dos fiscais e o respectivo suplente."

Significa dizer que, pela sistemática da lei, se o capital da sociedade comportar todas as espécies de ações possíveis e se existirem ordinaristas e preferencialistas atuantes, as vagas a serem preenchidas atingirão o número máximo de conselheiros. Mas, a questão que transparece fácil diante deste raciocínio simplificado, pode ser foco de discussões interpretativas.

A inclusão de norma estatutária limitadora do número de fiscais é um dos debates possíveis, pois a lei deixa aberto o número de vagas a preencher entre três, no mínimo, e cinco, no máximo, com respectivos suplentes em igual número.[200] O legislador, ao contrário do que pensam alguns, tinha bons motivos para aprovar a norma com esta redação, sem necessidade de especificar o número de integrantes no instrumento normatizador da sociedade. Primeiro, porque limitou o que estava ilimitado na legislação anterior e que falava em "três ou mais membros", o que poderia levar a abusos com a eleição de grande número de conselheiros. Segundo, porque em sendo limitado o período de funcionamento do Conselho Fiscal e dependente, por vezes, de iniciativa de determinado número de acionistas – quando não for permanente – coloca certa maleabilidade na composição, cabendo à assembléia de acionistas a formulação da composição caso a caso e a cada reunião assemblear ordinária.

Com efeito, constando do estatuto o limite máximo permitido – cinco –, o inconveniente é que a inexistência de acionistas preferenciais, ou, se existentes e juntamente com os portadores de ações com direito a voto não sejam atuantes na fiscalização dos negócios sociais, fará com que um ou até dois dos cargos oferecidos pela rigidez estatutária sejam preenchidos por representantes dos controladores sem qualquer necessidade. Isto porque não há impedimento a que, "não havendo eleição por parte de acionistas preferenciais e dos minoritários, possam os acionistas ordinários compor o Conselho Fiscal à razão de quatro ou cinco membros, se assim o preferirem".[201] Gastos com a remuneração destes conselheiros, conforme a previsão do art. 162, tornar-se-iam despesas inúteis, uma vez que a lei já fixa qual o mínimo que cada integrante do órgão deve receber em contraprestação.[202]

Se fixado em número mínimo, maiores serão as possibilidades de controvérsias, tanto pela provável prevalência dos minoritários, como

---

[200] Art. 161. § 1º – O Conselho Fiscal será composto de, no mínimo, três e no máximo, cinco membros, e suplentes em igual número, acionistas ou não, eleitos pela assembléia geral.

[201] TEIXEIRA; GUERREIRO, 1979, p. 486.

[202] Art. 162. § 3º – "A remuneração dos membros do conselho fiscal, além do reembolso, obrigatório, das despesas de locomoção e estada necessárias ao desempenho da função, será fixada pela assembléia geral que os eleger, e não poderá ser inferior, para cada membro em exercício, a dez por cento da que, em média, for atribuída a cada diretor, não computados benefícios, verbas de representação e participação nos lucros."

pelos abusos que possam cometer os majoritários. No primeiro caso, a norma de ordem pública manda que tenham direito de eleger dois membros os acionistas com e sem capacidade de voto. Então, preenchidas as duas primeiras vagas, restaria apenas a terceira, o que afrontaria a também norma de obediência necessária, que manda eleger número igual, mais um, pelos demais acionistas, a fim de atender também o princípio da prevalência da maioria sobre a minoria. Na segunda hipótese, a maioria "admitiria apenas um representante dos minoritários, já que pelo menos dois fiscais deveriam ser eleitos pelos controladores".[203]

Conclui-se que a melhor estratégia é deixar em aberto o número de conselheiros no regramento interno da sociedade, possibilitando que a assembléia geral eleja aquele estritamente necessário e com fiel observância da lei, dando ensejo a que, na próxima assembléia e dependendo da atuação dos acionistas dissidentes integrantes da minoria, se estabeleçam novos critérios na composição.

Quanto ao representante dos debenturistas, expressamente previsto na legislação anterior, Waldírio Bulgarelli entende que a atual lei descartou-o, "presumindo que essa classe de credores estaria suficientemente protegida pelo regime legal instituído (...)", e que "Essa exclusão condiz, ademais, com a intenção do legislador de regular o Conselho Fiscal para proteção à minoria, o que restringe a composição apenas a representantes de acionistas".[204]

As condições de elegibilidade também estão minudentemente expressas na lei (art. 162), sendo os cargos reservados: (a) a pessoas naturais, residentes no País; (b) que sejam diplomadas em curso de nível universitário, ou que tenham exercido por prazo mínimo de três anos, cargo de administrador de empresa ou conselheiro fiscal. Esta última exigência pode ser dispensada nas localidades em que não houver pessoas habilitadas, em número suficiente, para o exercício da função, cabendo ao juiz dispensar a companhia da satisfação dos requisitos.

Três questões podem ser abordadas: exclusividade de pessoa natural compor o Conselho, exigência de diploma universitário e dispensa pelo Judiciário em ocasiões especiais.

Da interpretação estrita que se deve fazer do dispositivo, ressalta que a pessoa jurídica não pode integrar o órgão fiscalizador. Poder-se-ia argumentar que melhor desempenho teria uma empresa especializada que, sendo acionista da companhia ou indicada por sócios minoritários, estaria aparelhada para fiscalização eficaz dos negócios. Este fundamento fica afastado pela possibilidade que têm os conselheiros

---

[203] CARVALHOSA; LATORRACA, 1997, p. 373.

[204] BULGARELLI, 1998b, p. 93-94.

de nomearem pessoas físicas com qualificação técnica idêntica e pela viabilidade de contratar firma de auditoria para assessorá-los.

Mesmo que o curso de terceiro grau não ofereça, sozinho, as necessárias condições para exercer a função, existe a presunção de que um diplomado em carreira universitária possa melhor qualificar a composição do órgão. Importante gizar que não há necessidade de ser administrador de empresa, assim considerados aqueles que freqüentaram o curso específico, pois isto não exige a lei, que quer apenas um grau universitário. Na segunda parte do dispositivo também, uma vez que "nada tem a ver com a *profissão* assim denominada, praticada por elementos formados em cursos de administração de empresa, mas com o *cargo* efetivamente ocupado em conselhos de administração ou diretorias de empresas".[205]

A dispensa de diploma universitário ou experiência comprovada como administrador, nas condições especiais estabelecidas na lei, deve se dar pelo juiz e em procedimento voluntário, caso não haja litígio, e sem necessidade de intervenção do Ministério Público, conforme a melhor interpretação conjunta dos arts. 1.105 e 82, do Código de Processo Civil. A crítica que se pode fazer é pela imperatividade que a lei confere à intervenção jurisdicional. Ora, inexistente conflito entre os acionistas, a melhor solução seria deixar à discrição da assembléia a verificação da oportunidade da dispensa do requisito. Parece, no entanto, que o pretendido intervencionismo estatal não teve a medida exata desta exigência, que seria totalmente dispensável, evitando-se manifestação jurisdicional em matéria de interesse puramente privado.

Os impedimentos são taxativos e envolvem também os mesmos que são enumerados para os administradores, e podem ser considerados extrínsecos e intrínsecos em relação à sociedade, conforme se relacionem à conduta do candidato fora dos negócios da empresa ou cargo exercido dentro do próprio empreendimento societário. Assim, no primeiro grupo: (a) pessoas impedidas por lei especial; (b) condenadas por crime falimentar, de prevaricação, peita ou suborno, concussão, peculato contra a economia popular, fé pública ou a propriedade ou a pena que vede o acesso a cargos públicos. No segundo: (a) membros de órgãos de administração; (b) empregados da companhia ou sociedade controlada ou do mesmo grupo; (c) cônjuge ou parente, até terceiro grau, de administrador da companhia.

Fixadas as diretrizes de composição do Conselho Fiscal conforme a lei e a posição doutrinária, afirmou-se que a eleição dos membros deste importante órgão de fiscalização da administração pode ser foco de tensões entre maioria e minoria. Porém, outro ponto de dissensão é possível e, desta vez, fica restrito ao grupo minoritário, e refere-se a

---

[205] TEIXEIRA; GUERREIRO, 1979, v. 2, p. 487.

dificuldades de eleição de apenas um membro de cada classe de ações. É que, por vezes, não é possível a acomodação dos representantes de cada um dos acionistas minoritários – ou grupos de acionistas – que possuam o percentual mínimo exigido na lei. Além disso, o sistema pode dar azo a que o controlador ou o administrador possam, mediante o uso da lei e dentro dela, portanto, adonar-se do órgão criado justamente para fiscalizar o andamento dos negócios sociais.

Isto vamos encontrar com clareza na formação do Conselho Fiscal, art. 161, da Lei das Sociedades por Ações, em que o pedido de funcionamento – permanente, para as sociedades de economia mista, e eventual, com funcionamento até a primeira assembléia geral ordinária, para as demais (fechadas ou abertas) – possui regras que privilegiam certas categorias de acionistas.

Conforme já afirmado ao longo deste trabalho, os critérios da lei são quantitativos e qualitativos. Quantitativamente concede poder de postular a instalação do Conselho Fiscal aos acionistas com 10% e 5%; qualitativamente, para as ações com direito a voto no primeiro percentual e para as sem direito a voto, no segundo. Não há necessidade de qualquer motivação. Basta que o acionista ou grupo de acionistas que detenha um destes percentuais, impulsione, mediante pedido à assembléia geral, a instalação do órgão. Ressalte-se, ainda, a informalidade do pedido, pois se dará a instalação mesmo que não conste do anúncio de convocação da reunião.

Órgão específico para exercer a fiscalização, por vezes o Conselho Fiscal fica esquecido pelos acionistas, mas, quando lembrado, pode tornar-se o centro de discussões internas. O art. 163, da Lei 6.404/76, diz que a ele compete fiscalizar os atos dos administradores e verificar o cumprimento dos seus deveres legais e estatutários e, como o impulso de sua instalação se atribui àqueles acionistas que possuem menor quantidade de ações, é importante aparelho quando efetivamente em funcionamento.

A este poder de instalar, alia-se o de participar do Conselho Fiscal. Os titulares de ações preferenciais sem direito a voto, ou com voto restrito, terão direito de eleger, em votação em separado, um membro e respectivo suplente; igual direito terão os acionistas minoritários, desde que representem, em conjunto, 10% ou mais das ações com direito a voto. Como os demais acionistas com direito a voto poderão eleger os membros efetivos e suplentes que, em qualquer caso, serão em número igual ao dos eleitos pelos preferencialistas e minoritários com direito a voto, mais um, ter-se-á sempre a maioria dos majoritários também no Conselho Fiscal.

A situação pode não envolver maiores debates, como na existência de um grupo de acionistas minoritários, com direito a voto, que alcançam, em conjunto, o percentual que permite a eleição de um conselheiro e que deles ficará representante. Isto é, o consenso é alcançado pela convergência de interesses, porque, sozinhos, não conseguiriam eleger um membro do órgão fiscal.

Há, todavia, uma hipótese em que o embate entre minoritários virá em prejuízo do próprio bloco. Supondo-se um ou mais acionistas com mais de 10% do capital com direito a voto que se reúnem e, em aberto acordo com o controlador – que também é o administrador da sociedade –, sufocam a participação de outro minoritário, igualmente possuidor de 10% das ações votantes. A situação fática indica que o acionista majoritário – que não participa da eleição, é claro – mantém o controle da sociedade e da sua administração, por corolário. Ao conjugar-se com parcela dos acionistas minoritários, consegue também o domínio do principal órgão de fiscalização, mediante a imposição da sua vontade através de um representante, mesmo sem participar diretamente da eleição.

A partir daí o controlador e alguns minoritários passam a exercer aquilo que o art. 116, da Lei 6.404/76 afirma ser o "controle comum". Campos Batalha dirige-se a este como

> "a possibilidade de integrar-se em grupos constitutivos de maioria, através de acordos de voto ou controle comum dos votos, além do efetivo exercício de poder para dirigir a sociedade e compelir o funcionamento dos órgãos da sociedade nos interesses do controlador ou do grupo de controle".[206]

Ou seja, todos os órgãos da sociedade ficam a mercê do grupo controlador, nada mais restando às minorias do que conformar-se com a situação.

A utilização que se faz do termo *controlador* e não *demais acionistas* como quer a legislação pertinente nesta parte, tem fundamento na boa e salutar crítica à redação da lei na configuração do colégio eleitoral do Conselho Fiscal, que faz Waldírio Bulgarelli. Anota que a expressão "demais acionistas" contida em dispositivos que tratam da matéria, "em boa lógica, só pode significar justamente *o controlador* (...) impondo a conclusão de que quem não exerce o poder de controle se enquadra na categoria de minoritário".[207]

Consideradas, então, essas circunstâncias, fulmina-se de ilegal a manobra que possa exercer o controlador e administrador que, utilizando-se do sistema eleitoral, impõe a sua vontade também no Conselho Fiscal, elegendo um ou mais de um membro, que fará apenas o que ele determinar, fraudando o objetivo da lei, que é proteger o minoritá-

---

[206] BATALHA, 1977, v. II, p. 561.

[207] BULGARELLI, 1998b, p. 95.

rio. Haverá abuso de poder do controlador, devendo o prejudicado buscar asilo no Poder Judiciário, pois, a vingar a tese de que sempre a maioria deve prevalecer nas decisões no âmbito da sociedade por ações, o exercício de fiscalização do bloco minoritário jamais seria alcançado, porquanto as manobras do controlador também imporiam a maioria dentro da minoria.

4.5. O conselho fiscal e o exercício de fiscalização do acionista minoritário

O natural crescimento dos direitos dos menores e a constância das reivindicações de espaços, de necessidade de atendimento destas vindícias e o readquirir permanente de direitos sopitados, fazem crescer a tensão entre as relações de controladores e não controladores. Na mesma proporção, crescem as tentativas de solapar cada vez mais as prerrogativas dos conselheiros fiscais no exercício que lhes é reservado neste importante órgão.

Repita-se à exaustão: só quem possui interesse na fiscalização da administração e do andamento dos negócios é o acionista minoritário. O majoritário, ou controlador, mantém a influência na administração, nos negócios e na assembléia geral. É através do Conselho Fiscal que a lei abre as portas ao não-controlador para o exercício fiscalizatório, ainda que regulado por acanhado sistema normativo. Por isso, a necessidade de abrirem-se comportas com o fim de disseminar o precioso líquido da contribuição minoritária à fiscalização do controle.

Mas, o que se vê é o descrédito na importância do Conselho Fiscal, como observa com profundidade José Anchieta da Silva, para quem é o desestímulo à criação deste órgão dado pela própria lei que o coloca em posição subalterna no esquema estatutário. Ou seja, em suas palavras, "decorre do comportamento da lei, esta ausência de vida do Conselho Fiscal que assim desprestigiado aparece, tanto na lei como nos estatutos sociais das companhias, como uma verdadeira obra inacabada".[208]

Se o intérprete ficar preso ao dogmatismo reinante, o paradigma será a proteção majoritária, relegando-se a participação minoritária para algumas e raras exceções. Também como visto, a lei das S/A no Brasil, assim também a maioria da doutrina, obtempera a ordem fiscalizatória do minoritário, mas a timidez com que o assunto vem tratado, obriga a valorizar a interpretação da norma positivada, a fim

---

[208] SILVA, José Anchieta. *Conselho Fiscal nas sociedades anônimas brasileiras*. Belo Horizonte: Del Rey, 2000, p. 18.

de também valorizar o exercício da fiscalização do minoritário, seja individual, seja em grupos de acionistas.

Algumas questões podem ser revistas para melhorar substancialmente o funcionamento do Conselho Fiscal, a começar pela instalação, que é temporária. Melhor seria, nas companhias abertas, que seu funcionamento fosse permanente e não dependesse da proposição de acionistas. Um passo já foi dado na feliz opinião de Modesto Carvalhosa e Nilton Latorraca, pois, partindo da própria lei, constroem a hipótese de obrigar a inserção da regulamentação do Conselho Fiscal no estatuto da sociedade, sob pena de invalidá-la e ocorrer a recusa de arquivamento perante o Registro de Comércio.[209]

Este é um exemplo digno de nota na doutrina e da aplicação prática da técnica que institui a dogmática como precursora de interpretação que parte da própria lei, daí seguindo por um caminho crítico e que extravasa a própria dogmática, para chegar a uma flexibilidade tal que permita uma tomada de decisão sem ofender os dogmas fundamentais preexistentes.

Claro está que não se exigiria a presença permanente do Conselho Fiscal nas companhias fechadas, dado o pequeno número de sócios e a inexistência de litigiosidade entre eles, na maioria das vezes. Todavia, a sua criação pela proposição dos acionistas minoritários deveria ser facilitada na lei, pela exclusão da exigência dos pressupostos quantitativos e qualitativos para sua proposição. Nas abertas, todavia, é imperiosa a sua permanente existência.

Não contornada a situação de obrigatoriedade da criação estatutária do Conselho Fiscal, surge a questão da quantidade de ações para a sua proposição. O problema maior, neste caso, surge nas grandes companhias, com capital volumoso, quando nem sequer o acionista que tenha investido grandes somas estará habilitado a ingressar com o pedido de instalação do Conselho Fiscal. Equivocada a lei, que, no entanto, abre uma pequena válvula de escape, com a possibilidade de fixar uma escala redutora através de delegação de poderes à Comissão de Valores Mobiliários, com o fim de reduzir o percentual exigido para que o acionista minoritário possa propor a instalação. Dado o grande volume do capital, improvável que os percentuais previstos na escala redutora possam ter algum resultado prático. Demais disso, o arbítrio conferido aos integrantes da agência reguladora sempre poderá ter conseqüências danosas aos interesses de uma ou de outra das partes envolvidas.

A sugestão melhor continua sendo a de democratizar a colocação em funcionamento do Conselho Fiscal, afastando a restrição imposta pela lei, contribuindo para maior transparência dos atos praticados

---

[209] CARVALHOSA; LATORRACA, 1997, p. 370.

pela administração. Restrição a direitos, principalmente o que melhor adapta a lei à fiscalização, deve sempre receber a reprimenda doutrinária, como em todo tempo o fez Valverde em suas obras.[210]

Por esta e por outras razões, o que se revelaria fastidioso acrescentá-las aqui, já que estão esparsas ao longo deste apanhado, não se têm muitas esperanças de que as decisões do Conselho Fiscal possam exercer alguma influência na assembléia geral dos acionistas, quando não atendam aos interesses dos acionistas controladores. A visão otimista é que possam, ao menos, inibir fatos prejudiciais aos sócios minoritários, pela presença de conselheiro com voz na reunião assemblear. O problema é que o voto é do acionista, e com o fato de ser conselheiro, não terá qualquer ascendência na decisão majoritária. O contraditório na assembléia não é suficiente para aferir a "vontade social", mesmo com a participação de todos – majoritários e minoritários – como prega Novaes França.[211] Evidente que seria preciso muito mais.

É de José Anchieta da Silva a afirmação de que "O Conselho Fiscal bem regulado e atuante acaba desempenhando o papel quase que de um poder moderador, servindo de anteparo a evitáveis querelas, afinando o entrosamento entre os minoritários e os detentores do controle acionário."[212]

A alteração legislativa seria o caminho menos tortuoso, porquanto seria imposta até àqueles empedernidos que pretendem a aplicação da dogmática jurídica não-garantista citada por Lenio Streck, por não questionarem "as vicissitudes do sistema jurídico, reproduzindo esta injusta e desigual ordem social."[213]

Perdeu-se excelente oportunidade na recente mudança que se fez na lei das companhias, conforme ficou explícito nas observações feitas ao longo deste capítulo, em especial no que concerne à participação dos acionistas minoritários na formação do Conselho Fiscal.

---

[210] VALVERDE, 1959, v. 2, p. 138.

[211] FRANÇA, Erasmo Valladão Azevedo e Novaes. *Invalidade das deliberações de assembléia das S/A*. São Paulo: Malheiros Editores, 1999, p. 40.

[212] SILVA, 2000, p. 20.

[213] STRECK, 2000, p. 33, nota 32 na obra do autor.

5. O controle acionário como forma de exclusão das minorias

5.1. Direito de voto do acionista e seu exercício abusivo

A assembléia geral de acionistas tudo pode em termos de deliberação e aprovação dos atos administrativos, desde que, é evidente, não contrarie a lei. Porém, sabido é – e os exemplos estão noticiados na imprensa nacional e internacional[214] – que os acionistas controladores maquiam resultados para obter vantagens no mercado de ações e, com isto, incrementar ainda mais as grandes corporações que governam com maioria nas assembléias, com o beneplácito, assim entendem, do órgão soberano da sociedade por ações.

Prega-se neste texto, justamente, que os abusos cometidos pelos administradores possam ser revistos, através da atuação marcante dos acionistas minoritários na fiscalização dos negócios da sociedade anônima. A atual sistemática como até agora exposto, é prejudicial a este exercício. Mas soluções existem e devem ser exploradas pela doutrina e aplicadas pela jurisprudência, porquanto do ponto de vista legislativo pouco ou nada se tem conseguido neste sentido.

As emblemáticas situações vivenciadas pelos acionistas que pretendem a fiscalização mais efetiva, concentram-se nos princípios funcionais do instituto de Direito Comercial que se examina ao longo deste trabalho. Começa que a assembléia de acionistas situa-se como o órgão deliberativo soberano e o direito de voto do acionista não está colocado entre os direitos essenciais previstos na Lei 6.404. Dessas duas verdades decorrem conseqüências que propiciam aos controladores a tomada de decisões contrárias aos interesses dos acionistas que não têm força decisória nas assembléias e, pior, deles podem ser retirados até o direito de comparecimento às assembléias, como já se viu no capítulo I.

Passa também pela necessidade de dividir-se as ações em classes, o que determina algumas delas não possuírem direito de voto, porquan-

---

[214] ZERO HORA. Porto Alegre, 23 de julho de 2002, p. 27.

to outros lhes são atribuídos, notadamente a distribuição obrigatória de dividendos. Ou seja, compensa-se a exclusão de participação na democracia assemblear da companhia por uma vantagem patrimonial, não obstante o aspecto enganoso que a palavra democracia[215] é utilizada nas sociedades por ações, conforme também já se viu ao proceder-se análise crítica dos direitos dos acionistas no capítulo 1. Este mecanismo de exclusão de direitos, igualmente, não deixa de ser também uma forma de exclusão das minorias acionárias das decisões da sociedade anônima, deslocando o foco de atenção da administração para o simples auferir de dividendos.

Mesmo aqueles que são detentores do direito de voto são constantemente alijados do centro de poder pela dispersão dos possuidores de pequeno número de ações. Estes acionistas, assim, desinteressam-se pela administração, certamente desmotivados pela falta de confiança para a outorga de poderes a um ou alguns outros acionistas para representá-los nas assembléias, pelo alto custo de deslocamento até a sede da assembléia geral para comparecimento pessoal, ou, ainda, pelo natural descaso pelos destinos da sociedade por ações, causado pela sensação de impotência diante do voto majoritário dos controladores/administradores.

Esta última relação vem expressa no próprio conceito da sociedade anônima como sociedade de capitais em que predomina o *intuitus pecuniae* sobre o *intuitus personae*. Embora se reconheçam direitos aos acionistas de participar do poder, este poder é exercido pelo poder econômico que detêm os acionistas na sociedade, conforme expressa Carmen Bataller:

> "La causa real del abstencionismo reside, em última instancia, em la causa de su participación en la sociedad. La gran mayoría de accionistas que no pertenecem a la categoría de los accionistas de control, realizan sus aportaciones a la sociedad para obtener unos beneficios, careciendo de todo vínculo que les una a la sociedad, y utilizando su inversión con una finalidad de ahorro o de especulación. Por lo tanto, su vinculación o es puramente provisional, puesto que invierten para obtener un beneficio con la posterior venta de las acciones, o se integran en la sociedad con cierto carácter permanente".[216]

---

[215] SCISINIO, Alaôr Eduardo. *As maiorias acionárias e o abuso do direito*. Rio de Janeiro: Forense, 1998, p. 10, afirma: "Por tudo que cercou a S. A. nos primórdios de sua existência, desde a presença de um número avultado de sócios até a assimilação da estrutura estatal com a tripartição de Montesquieu, muitos a imaginaram uma organização de índole democrática. Não tardou muito para que os estudiosos se apercebessem da falsidade da idéia, sobretudo, a partir do momento em que o direito societário evoluiu, no sentido de fortalecer as maiorias acionárias criando instrumentos de facilitação para a concentração de poder em mãos de pequenos grupos."

[216] BATALLER, Carmen Alborch. *El derecho de voto del accionista* (Supuestos especiales). Madrid: Editorial Tecnos, 1977, p. 67.

Afirma-se aqui que estão aliados todos estes fatores para a ocorrência deste desligamento dos acionistas que não participam da administração, sem predominância de nenhum deles, porque (a) o direito de voto não está reservado na legislação como essencial, sendo retirado pela disposição estatutária quando outra vantagem é oferecida ao acionista, (b) a constante abstenção dos acionistas minoritários é causada pela (b1) condição psicológica de ver-se impotente diante do poder majoritário, ou (b2) a vinculação se dá apenas no plano econômico, desinteressando-se pelo controle da administração e, finalmente, (c) a maior parte dos acionistas minoritários não tem condições técnicas de avaliação dos atos de negócios e financeiros.

Mas, deve-se convir também que os fatores acima não estão desvinculados da causa principal que é a falácia encenada pela democracia assemblear, pois é na assembléia geral que se discutem e se decidem os destinos da sociedade anônima. E também nela se pode decidir utilizando de forma abusiva o direito que o poder absoluto, representado pelo controle econômico, pode oferecer. Então, aliando-se este último ao abstencionismo dos demais acionistas, tem-se que a direção da sociedade fica sujeita a apenas um controle: o do acionista que detêm o controle econômico.

Isto é um convite ao abuso, seja pela ausência de qualquer resistência, seja pela sensação de impunidade que dá o fato de comandar também a decisão na assembléia geral, quando bem entender. E a constante intervenção estatal na elaboração das normas protetivas demonstra que não são suficientes os mecanismos utilizados para tamanho poder, que utiliza o conceito próprio da sociedade anônima para manutenção do status, continuando legitimados os detentores do controle.

A legitimidade do poder, seja interno ou externo, conforme a classificação de Comparato, revela-se inequívoco, através de normas legitimadoras ou pela imposição de fato, e a principal conseqüência é a ausência de redução da sua proporção na sociedade anônima:

> "Trata-se, em qualquer hipótese, de um poder originário, uno ou exclusivo, e geral. Originário, porque não deriva de outro, nem se funda em nenhum outro, interna ou externamente. Uno ou exclusivo, porque não admite concorrentes, pela sua própria natureza. Geral, porque se exerce em todos os campos e setores, sem encontrar nem admitir domínios reservados, por parte dos órgãos societários. E muito embora não seja ilimitado, qualidade que muitos autores, aliás, denegam à soberania política, força é reconhecer que a evolução do direito, até bem pouco tempo, foi no sentido da progressiva supressão dos limites do controle".[217]

---

[217] COMPARATO, Fábio Konder. *O poder de controle na sociedade anônima*. São Paulo: Revista dos Tribunais, 1977, p. 30.

Esta quase ilimitação de poderes contrasta com a constante limitação dos poderes do Estado na proteção de direitos individuais, como visto algures. Há um notável atraso das sociedades por ações, neste sentido, pois não se adaptaram aos novos tempos, prosseguindo na velha senda adotada no século XIX, quando do surgimento das primeiras sociedades nos moldes atuais. Pequenas e inexpressivas alterações não foram suficientes para mudar o panorama que hoje pode ser tido como retrógrado. Daí para o uso abusivo do voto é um passo.

Clusellas chama a atenção de que deve haver uma forma de limitação no poder deliberativo das assembléias, pois o direito e a lei não estão aí para amparar ou proteger ações mal-intencionadas. Cogita da hipótese de buscar nos princípios de direito como forma de proteger os acionistas que se considerem prejudicados e levar a equanimidade para as relações entre majoritários e minoritários nas sociedades anônimas. Diz, ainda, que:

> "Esta forma de limitación al poder deliberativo de la assemblea, llamada a jugar en tal carácter junto a las disposiciones estatutarias e legales, se justifica e se hace necesaria por ser la imaginación humana fuente inesgotable de ideas tanto para producir el bien como para producir el mal, en este caso encontrar la forma o tomar la deliberación apropiada para beneficiarse em perjuicio de los demás asociados, e es precisamente esta multiplicidad de formas a que puede recurrirse lo que hace prácticamente imposible consagrar legislativa e taxativamente una enumeración que cierre las puertas a todas las resoluciones abusivas de la asamblea por cuanto dicha enumeración simpre seria incompleta".[218]

Seguindo esta orientação, a nossa lei não enumera, objetivamente, os casos em que se dá o abuso do direito de voto. Afirma o voto como direito social, sujeitando-o à regra de que "o acionista deve exercer o direito de voto no interesse da companhia" (art. 115, primeira parte). Considera genericamente, na segunda porção, "abusivo o voto exercido com o fim de causar dano à companhia ou a outros acionistas, ou de obter, para si ou para outrem, vantagem a que não faz jus e de que resulte, ou possa resultar, prejuízo para a companhia ou para outros acionistas." Vai mais adiante no § 3º, ao consignar que "O acionista responde pelos danos causados pelo exercício abusivo do direito de voto, ainda que seu voto não haja prevalecido." Observa-se que a sanção também se dirige a outros acionistas, devendo apenas ser provado o prejuízo.

---

[218] CLUSELLAS, Eduardo L. *Gregorini. La proteccion de las minorias en las sociedades anonimas.* Buenos Aires: Abeledo-Perrot, 1959, p. 21-22.

É, sem dúvida, uma saída, ainda que incompleta, para a proteção daqueles que se sintam prejudicados com o voto majoritário. A taxatividade imporia um engessamento ignominioso e ofereceria oportunidade a que fossem criadas saídas laterais à lei.

Ainda assim, para caracterizar a abusividade do voto avulta a importância da prova do desvio do interesse da sociedade, o dano causado aos demais acionistas ou a vantagem auferida em detrimento destes mesmos acionistas. E isso não se revela fácil. O exercício do controle implica o domínio dos documentos da empresa e das informações a eles concernentes e, ao acionista minoritário, normalmente veda-se este acesso.

Em qualquer situação, todavia, Alaôr Scisinio chama a atenção que na reunião dos acionistas em assembléia, sempre que o acionista controlador – ou outro qualquer, porque a lei destina-se a todos – decidir contra os direitos individuais dos acionistas, procura-se proteger o minoritário contra eventuais abusos. Este autor desenvolve o que chama de "teoria do abuso" para apontar a solução de situações que possam acontecer no decorrer das assembléias gerais de acionistas. Depois de enumerar a doutrina aplicável à construção da tese, diz que abusa do direito de voto o acionista majoritário sempre que estiver deliberando em atendimento a interesse particular dessa mesma maioria, porque daí essa vontade não é considerada nem soberana, nem válida, é uma outra vontade, a da minoria, que a ela se contrapõe e, ao mesmo tempo, a ela se equivale. E completa:

> "Aplica-se, pois, a teoria do abuso em favor das minorias mesmo que o ato abusivo do acionista ou controlador receba a sanção do órgão deliberativo (a assembléia), que não pode decidir contra os direitos individuais dos acionistas majoritários ou minoritários".[219]

Estas contradições à lógica da propalada democracia é que demonstram, à saciedade, a falta de uma estrutura melhor equilibrada entre os dois segmentos que seguidamente digladiam interesses dentro das sociedades anônimas. Usa-se a expressão "equilíbrio" no sentido figurado de igualdade absoluta entre as forças, porque para a Física o equilíbrio representa o estado de um sistema que é invariável com o tempo, ou a manutenção de um corpo em sua posição ou postura normal, sem oscilações ou desvios.[220] A busca do conjunto harmônico de forças é que deveria prevalecer no caso das sociedades por ações.

Como exemplo, o avanço que representou a lei proibir que os administradores votem suas próprias contas, aprovando-as, revelando-se aí

---

[219] SCISINIO, 1998, p. 76-77.

[220] FERREIRA, Aurélio Buarque de Holanda. *Dicionário Aurélio Eletrônico 2,0*. [S.l], 1998. 1 CD-ROM.

um fator de constrangimento a falcatruas. Interpostas pessoas, contudo, poderão participar das assembléias e, por ingerência direta dos administradores/controladores, assumir o encargo de aprová-las. Esta é uma das tantas questões em que o minoritário encontra aquelas dificuldades da prova de eventual desatino do majoritário no governo da sociedade, como referido atrás, e do uso abusivo do direito de voto.

Tem o reverso do problema: esta abstenção obrigatória do voto dos administradores, imposta pela lei, poderá fazer o poder mudar de mãos e cair nas dos minoritários. "A doutrina coloca a questão em termos dramáticos," afirma Carvalhosa, ressaltando a ojeriza que esta parcela de acionistas nutre pela maioria, citando Garrigues. Mas o mesmo autor adverte que na prática esta visão puramente comportamental não se realiza. "Ademais, se configurado esse quadro, sobre tal conduta incidirão as cominações da lei por abuso do direito de voto."[221]

Constatada a abusividade de um ou outro, a nulidade das decisões assembleares que ofendam este princípio é o caminho e pode ser decretada no Judiciário. Discute-se se a intervenção jurisdicional pode-se dar também no mérito, ou se apenas deve ater-se às questões formais da decisão da assembléia. Novaes França, depois de alinhar opinião da doutrina italiana, afirma que

> "Na verdade, para se aferir se a deliberação foi tomada em conformidade com o interesse social, permite-se um exame de mérito, mas um exame limitado para a finalidade específica de se descobrir um vício de legitimidade, que é o único relevante para o direito".[222]

Relativiza-se, por conseguinte, a decisão da assembléia, que perde o seu caráter de poder absoluto. São atos de arbítrio, de força e deixam de representar a vontade social para vir em prejuízo de acionistas e, quiçá, da própria sociedade.

Assim, estabelece-se a primazia da decisão da assembléia de acionistas, isto é, com o domínio da parcela de acionistas que representem a maioria, mas admite-se o controle dos atos desta maioria pela detecção de eventuais abusos cometidos em detrimento dos interesses de outras parcelas de acionistas ou da própria sociedade por ações. Tudo isso sem prejuízo de responsabilização dos acionistas que causaram danos aos outros ou à própria sociedade, com possibilidade de modificação da decisão pelo Poder Judiciário.

Abstrai-se a idéia da dicotomia existente no direito societário brasileiro, entre as sociedades abertas e fechadas, e da aplicação a elas

---

[221] CARVALHOSA, Modesto. *Comentários à Lei de Sociedades Anônimas.* São Paulo: Saraiva, 1997. 2 v., p. 412.

[222] FRANÇA, Erasmo Valladão Azevedo e Novaes. *Conflito de interesses nas assembléias gerais de S.A.* São Paulo: Malheiros, 1993, p. 46.

das teorias institucionalista e contratualista, respectivamente.[223] Isto porque não é de se adotar uma posição rígida a respeito da matéria, pois se interesses de fora da empresa existem, também é inegável a existência de interesses contrapostos dentro da sociedade – com maior prevalência da teoria contratualista nesta altura do estudo, admita-se, mas com predomínio da tese institucionalista no capítulo 2, como já visto. As duas doutrinas são adotadas na lei das sociedades anônimas, o que permite a realização de acordo de acionistas, que podem livremente pactuar, inclusive, o poder de controle, como será examinado a seguir.

5.2. Acordo de acionistas em prejuízo do acionista minoritário

Sempre que se pretender abordar qualquer regime jurídico específico ligado às sociedades anônimas e sua passagem pela história, o pesquisador passará obrigatoriamente pela constatação de que sua criação (do particular instituto que se estuda) se deu pela necessidade de reunião de capitais como medida de composição tendente à dominação de determinado segmento de acionistas dentro da sociedade anônima. Esta situação não é diferente quando se apura o significado do acordo de acionistas, prática regulamentada na lei das sociedades anônimas e que pode ser utilizada pelos acionistas e, ainda, se nos devidos termos do sistema legal, inevitável à sociedade, pois é obrigada a respeitá-lo. O objetivo principal do acordo de acionistas é dar forma a interesses comuns de acionistas de determinada companhia.

Na Lei 2.627/40 não havia previsão de vigência para os acordos de acionistas e seu atual formato. Não obstante a posição da doutrina na época – valendo como exemplo de todos a de Valverde – de que o que a lei não vedava era permitido fazer neste tipo societário de cunho eminentemente privatístico,[224] as questões tratadas nas convenções que reuniam os sócios com objetivos comuns eram observadas com certo (ou muito) cuidado, pois não raras vezes tendiam a prejudicar os acionistas minoritários. Então, à míngua de regulamentação, a matéria neles versada seguramente dependeria da interpretação dos tribunais e sua validade seria considerada na exata medida de atendimento aos interesses da sociedade anônima.

O art. 118 da lei brasileira atualmente em vigor prevê, expressamente, a implementação de ajustes entre os sócios. No *caput* e parágra-

---

[223] COMPARATO, Fábio Konder. *Novos ensaios e pareceres de Direito Empresarial*. Rio de Janeiro: Forense, 1981, p. 116-131.

[224] VALVERDE, Trajano de Miranda. *Sociedade por ações*. 2. ed. Rio de Janeiro: Forense, 1959. 2 v., p. 60-62.

fos estabelece as condições – mínimas, deve-se convir – para que sejam estabelecidos os acordos de acionistas. O híbrido sistema adotado pela lei nacional – é institucionalista em alguns casos e contratualista em outros, como já afirmado – adota uma relação fechada para as matérias que podem ser objeto de definição e ajustamento entre os acionistas interessados.[225] Entre essas avultam de importância as do exercício do direito de voto, já existente desde a edição da lei em 1976, e o do poder de controle, matéria introduzida na modificação legislativa de 2001. Ambas dizem respeito diretamente com o desempenho da fiscalização do acionista minoritário.

Bem por esse aspecto institucionalista, merece consideração alinhar que a lei, nos parágrafos do art. 118, prevê algumas regras procedimentais e de direito material, que estabelecem limites aos acordos de acionistas, como: não podem ser ajustes secretos para que tenham validade perante a sociedade, havendo de registrá-los nos livros próprios; igualmente, não poderão ser invocados para eximir o acionista de responsabilidade pelo exercício do voto ou do poder de controle; as ações averbadas ficam fora de negociação em bolsa ou do mercado de balcão; proibição de denúncia fora dos casos previstos no próprio acordo; previsão de prazo maior para o mandato outorgado a fim de proferir voto em assembléia; e outras que, ao cabo, são fórmulas a serem seguidas e que, minimamente, instituem comportamentos dos acordantes.

Nesta medida, mesmo que se tenha como negócio privado entre os acionistas, o acordo realizado nos moldes da lei acionária, deve respeitar o jeito público que governa as relações interacionistas, sob pena de perder a validade perante a sociedade. Esta matéria é de obediência irrestrita pelos acordantes e sofre o controle jurisdicional na hipótese de reclamação perante o juízo competente. O caminho, sobre tornar inválida a decisão societária fundamentada em acordo deste jaez, é o ressarcimento de eventuais prejuízos causados tanto à sociedade como aos demais acionistas.

Esta orientação legal tem sua lógica, dada a ampla eficácia desses acordos, que atingem as relações entre os acionistas em assembléia geral ou especial e os administradores indicados pelos acionistas, quando estes estiverem deliberando como componentes do órgão respectivo. Ou seja, como explicam Carvalhosa e Eizirik, "nas companhias com conselho de administração o acordo vincula os conselheiros eleitos pelo acordo. E nas companhias onde não houver conselho de

---

[225] Ou seja, passou-se da teoria contratualista prevista por Trajano de Miranda Valverde, como anotado antes, com o prestigiamento da prática de acordos em matérias não vedadas na lei e, portanto, com prevalência do interesse privado, para a intervenção estatal pura, mediante edição de regras legais preestabelecidas para a validade dos acordos de acionistas.

administração os diretores estarão vinculados ao acordo nas reuniões que este órgão fará".[226]

Por este contexto legal, fundamentado na lei societária de 1976, com os acréscimos feitos pelas modificações introduzidas na minirreforma de 2001, pode-se observar que a vinculação obrigatória traçará, desde logo, os rumos que tomará a reunião da diretoria, do conselho de administração e, por conseqüência, da assembléia geral, independentemente da vontade do acionista que se considerar derruído em seus projetos de fiscalização. No primeiro plano decisório, a diretoria ou o conselho de administração, ou ambos, e num segundo patamar a reunião assemblear, são obrigados a seguir os ditames do acordo de acionistas que estiver arquivado na sede da sociedade. Deverão proceder "em conformidade com as cláusulas da convenção no tocante ao voto dos seus participantes, seja quanto às matérias, seja ainda quanto às diretrizes a serem observadas, no exercício do voto, quando previstas".[227] Qualquer decisão tomada pelas mesas dirigentes dos trabalhos nos âmbitos deliberativos ou executivos e que esteja em sentido contrário aos termos do acordo é passível de nulificação.

Os acordos, de regra, são feitos e registrados na sociedade em momento anterior às reuniões deliberativas ou executivas. Os anuentes, por conseguinte, sabem exatamente o que vai acontecer nestas ocasiões em que importantes resoluções são tomadas para o futuro da sociedade.

Tomando-se este rumo de raciocínio, pode-se concluir que a nova sistemática adotada pela lei das sociedades anônimas retirou, como se vem retirando amiúde através de sucessivas alterações legislativas, a importância da assembléia geral, porquanto eventuais acordos produzidos antes de sua realização, poderão fazer com que esta reunião de acionistas não passe de um jogo de cena, uma falácia a serviço dos que, mais ágeis, contrataram o final feliz (para eles) da assembléia ou da diretoria executiva e do conselho de administração.

Um outro lado da questão deve ser levado em consideração. Por isso, há que se adiantar o estudo para afirmar a possibilidade de acordo de acionistas que envolvam direitos minoritários. Ante este ponto de vista dir-se-á, então, que não se deveria satanizar os acordos de acionistas, como forma de dominação da sociedade, porque os ajustes intersócios também podem ser encarados como forma de reunião de interesses que pertencem àqueles que possuem pequenas parcelas do capital e resolvem unir-se para somar percentuais de participação acionária, até atingir o valores previstos na legislação e que possibilitem a tomada de posições estratégicas a fim de proteger seus benefícios

---

[226] CARVALHOSA, Modesto; EIZIRIK, Nelson. *A nova lei das S/A*. São Paulo: Saraiva, 2002, p. 211.

[227] CARVALHOSA; EIZIRIK, 2002, p. 213.

legais. Convergindo necessidades, aumentam a influência perante os órgãos administrativos.

Por esta lógica, poder-se-ia afirmar que os valores estão equilibrados na sociedade anônima, pois se vale para um dos lados do confronto ferido entre controladores e minoritários, valerá também para o outro. Não se oferece a oportunidade de acordo de acionistas apenas para uma das partes, o que retiraria a arbitrariedade redacional da lei, não a deixando pender apenas para um dos lados.

Após dizer que se assegura ao acionista minoritário a alternativa de que sejam atingidos os percentuais exigidos por lei para que possa exercer os seu direitos, Celso Barbi Filho diz da invalidade dos chamados acordos de defesa apenas "como instrumento de uma oposição inoperante, sistemática e emulatória." Isto porque, citando Lamy Filho e Bulhões Pedreira, nas convenções de votos não se busca a proteção dos interesses dos sócios, mas sim o interesse da companhia, conforme assentado no art. 115, da Lei 6.404/76, primeira parte.[228]

Mostra-se aqui mais uma daquelas questões que se vêm destacando neste estudo. Sob o pálio da proteção à companhia, numa clara visão institucionalista retrógrada, portanto, o Estado, pela via legislativa, desprotege o acionista minoritário. Descompromissado de dar proteção às minorias acionárias, a maioria controladora sempre poderá argumentar que está votando ou exercendo o poder em proteção aos interesses da companhia. Se acontecer a união dos minoritários, afirmará que pretendem entravar os negócios sociais. Não se desconhece, como já se colocou em outras partes deste trabalho, a importância da manutenção da empresa no sistema capitalista, mas também não se pode acobertar o problema que este posicionamento cria para quem não possui o controle da situação administrativa, contábil e financeira da companhia.

Pode-se argumentar que a segunda parte do art. 115 especifica as condições em que se considera abusivo o exercício do voto: quando causa danos à companhia ou a outros acionistas, ou quando o votante obtém vantagem a que não faz jus e de que resulte prejuízo para a companhia ou para outros acionistas. Contudo, se o acordo de acionistas for realizado com este fito, revela-se a complexidade da prova a ser obtida neste sentido. Melhor seria, portanto, que já na própria previsão de ajuste, também houvesse a regulação de que o acionista minoritário não poderia vir a ser prejudicado pelo acordo para exercício do voto ou do controle da companhia.

Constatada a contrariedade à lei, há sempre a possibilidade da intervenção moderadora jurisdicional, a fim de corrigir eventuais distorções. Mas, como sempre, o caminho é demorado, enquanto a

---

[228] BARBI FILHO, Celso. *Acordo de Acionistas*. Belo Horizonte: Del Rey, 1993, p. 108-110.

execução dos acordos é ato tomado durante as reuniões de acionistas. Ou seja, somente se o interessado/prejudicado buscar a obtenção de uma cautela específica para que tal e qual acordo não possa ser implementado imediatamente, haverá a interrupção da sua eficácia.

No entanto, devem ser buscados novos horizontes para a proteção minoritária, em especial quando pretende a fiscalização dos atos da administração, na procura de melhores condições de conhecer os investimentos que, a duras penas, conseguiu fazer, porquanto mostram-se ineficazes os métodos atualmente em uso. Criam-se novos mecanismos, mas os resultados obtidos não são animadores, como se verá a seguir.

5.3. A governança corporativa como forma limitadora de abuso da administração

Como governança corporativa[229] entende-se uma série de recomendações que podem (e devem) ser seguidas pelos administradores e controladores das grandes, médias e pequenas empresas que se organizam como sociedades anônimas, ainda que as recomendações sejam ditadas para as grandes corporações de capital aberto. São regras de gestão que oferecem confiabilidade aos investidores, porquanto estabelecem, desde logo, o modelo de gerenciamento e direção administrativa das empresas, assim como a forma de dirimir conflitos internos decorrentes da já exposta tensão entre minoritários e majoritários ou controladores. Jean Carlos Dias, após dar os traços conceituais, afirma

---

[229] Apesar de não se ver o termo "governança corporativa" – tradução de "corporate governance"- como o mais adequado para refletir exatamente a idéia que se pretende implementar no contemporâneo direito societário brasileiro. Na língua portuguesa a primeira expressão quer significar governo, ato de governar, e até pode ser utilizada como sinônimo de gestão – "ato de gerir, gerência, administração" (FERREIRA, Aurélio Buarque de Holanda. *Dicionário Aurélio Eletrônico 2,0*, verbete "gestão.") – que é próprio do Direito Comercial e do Direito Civil, mas não está ajustada plenamente à necessidade de refletir-se, pela linguagem, a idéia preconizada. Por isso, parece ser mais adaptada à realidade brasileira o termo "gestão". Mesmo a tradução mais aproximada do inglês para o português da expressão "governance" conduz a que se cristalize em "gestão" como a palavra correta que melhor expressa a realidade. A segunda – "corporativa" – afigura-se derivada de corporação, esta entendida como reunião de pessoas, associação ou agremiação (Ibid., verbetes "corporativo" e "corporação."), enquanto a definição mais adequada de "corporate" seria a de que se trata de ou é relativo a uma grande companhia ou grupo de companhias (The New Owford Dictionary of English, Oxford: Clarendon Press, p. 411, verbete "corporate."). Em Portugal denominou-se o processo como "governo das sociedades cotadas" (SAN PEDRO, Luis Antonio Velasco, Governo das sociedades cotadas. *Revista Direito Mackenzie*, São Paulo: Mackenzie, n. 2, 2001, p. 9). Concluindo, afigurar-se-ia acertada utilizar-se a expressão "gestão da companhia", que reflete com mais clareza o que ela deve significar no estudo em que se insere. Mas, como já está incluída na terminologia técnica nacional, utilizar-se-á neste texto a expressão "governança corporativa", que pode ser considerada um neologismo, próprio da permanente criação dos juristas e também do hermetismo que caracteriza a linguagem jurídica.

que "Este conjunto (de regras) constitui um sistema de princípios que traçam um modelo gerencial pautado pelo objetivo essencial de maximização da riqueza dos acionistas atendendo aos limites éticos e jurídicos".[230]

Segundo a doutrina francesa, os *Principles of corporate governance* dirigem-se, conforme cada caso concreto, ao legislador, ao juiz ou às próprias sociedades e abrangem um amplo espectro: as finalidades que os órgãos da sociedade devem perseguir, as estruturas das sociedades, seja nas grandes sociedades, seja nas outras, o dever de diligência dos dirigentes, o dever de lealdade que se impõe aos dirigentes e aos acionistas controladores, o papel dos diretores e dos acionistas em operações de controle da sociedade e, finalmente, os diversos remédios de que dispõe o acionista que pensa ser vítima de esquemas enganosos.[231]

André Tunc faz referência à contestação que se fazia aos conselhos de administração das sociedades anônimas, surgida nos Estados Unidos e Inglaterra, que culminou com forte pressão sobre o *American Law Institute*. Este esforço resultou na aprovação, em assembléia geral do Instituto na primavera de 1993, de um texto de dois volumes, publicado em 1994, intitulado *Principles of Corporate Governance. Analysis and Recomendations*. O próprio título já revela que o objetivo principal seria o de apresentar o direito que rege o governo das sociedades anônimas e emitir recomendações sobre o assunto.[232]

A mesma referência à obra americana faz Luis Antonio Velasco San Pedro, que, no entanto, afirma ser de maior influência o chamado "Relatório *Cadbury*", publicado dois anos antes, em 1992. Este relatório centra-se, basicamente, nos conselhos de administração e fiscal das companhias, procurando valorizá-los, pois

> "os considera decisivos na organização de um bom governo das sociedades cotadas, com o objectivo de revitalizar a sua função de instâncias de controlo dos executivos destas empresas, a fim de propiciar uma gestão mais atenta aos interesses dos accionistas e, em definitivo, dos investidores".[233]

A falta de coerção dessas normas de bom governo nas companhias, fugindo das características tradicionais das normas legais, segundo o relatório inglês, é compensado pela sugestão de que as empresas que

---

[230] DIAS, Jean Carlos. *Gestão das Sociedades Anônimas*. Curitiba: Juruá, 2001, p. 142.

[231] TUNC, André. Les Principles of Corporate Governance. *Revue de Droit des Affaires Internationales*, Paris, n. 8, 1995, p. 957. Tradução do texto em francês de Bibiana Graeff Chagas Pinto; tradução de trechos do texto em inglês de Rafael Barreto Garcia.

[232] Ibid.

[233] SAN PEDRO, Luis Antonio Velasco. Governo das sociedades cotadas. *Revista Direito Mackenzie*, São Paulo: Mackenzie, n. 2, 2001, p. 12.

seguissem as recomendações de "bom governo" atingiriam melhores cotações de suas ações.

Outros relatórios seguiram ao inglês, como descrito por San Pedro, podendo-se notar que os países ditos mais desenvolvidos do que o Brasil saíram na frente, como os do Canadá de 1994, da França de 1995 e 1999, da Espanha de 1995, 1996 e de 1998 (este último de caráter oficial), da Itália de 1996 e 1997, da Holanda de 1997, do Japão de 1998 e de Portugal de 1999.[234]

É difícil conceituar precisamente o que seja a governança corporativa, porque ela se apresenta mais como um sistema ou um processo de gestão da companhia e menos como um instituto jurídico sujeito a definições teóricas.

Depois de concluir também sobre esta dificuldade conceitual, San Pedro tece considerações que amoldam a configuração da governança corporativa ao escopo que se procura delinear ao longo deste trabalho, afirmando:

> "Todavia, descontando detalhes concretos, o processo tem um núcleo comum, que subjaz a todos os documentos e propostas, e que é o de repor em questão as relações de poder nas sociedades cotadas, tentando alcançar um marco mais adequado do que aquele que vem vigorando. O principal problema com que se confronta o processo – e que lhe serve de justificação – reside essencialmente na existência, nas sociedades cotadas, especificamente nas que têm o seu capital disperso por grande número de pequenos accionistas (accionistas-investidores) e sem um grupo de comando accionista claramente definido pela posse de um pacote de controlo, de uma dissociação entre a 'propriedade', que corresponde aos accionistas, e o 'poder', nas mãos dos administradores executivos. Nestas sociedades a assembléia geral de accionistas, instância de representação da 'propriedade' configurada pela lei para controlar os administradores, não exerce na prática este papel, sendo na realidade os próprios administradores executivos quem controlam a assembléia, através de mecanismos variados e muito conhecidos (...) Para simplificar as coisas: como se pode estimular o activismo do accionista-investidor tipo, titular de um pacote modesto, quando os custos deste activismo seriam notoriamente superiores aos benefícios que razoavelmente se pode esperar do mesmo?"[235]

A governança corporativa, portanto, serviria para ocupar este vácuo fiscalizatório que se vem tentando exprimir ao longo destas

---

[234] SAN PEDRO, 2001, p. 13-14.

[235] Ibid.

considerações. Além de fiscalizar o possível descontrole administrativo, a prática das recomendações – bem feitas, completas e tendentes justamente a uma fiscalização séria e competente – traria sensível melhora na imagem de determinadas empresas perante seus atuais acionistas e, o que ocorre comumente, atrairia maior número de novos investidores, com aporte significativo de capital. Haveria benefícios a todos, inclusive aos interesses sociais, no sentido mais amplo da expressão.

No Brasil, a matéria tem sido objeto de alguns estudos – poucos, por enquanto – e de tentativa de sistematização das recomendações relativas às boas práticas de gestão empresarial, emitidas em junho de 2002.[236] A publicação é oficial e contém aspectos relacionados com a transparência das assembléias, estrutura acionária e grupos de controle; também sobre a estrutura e responsabilidade do conselho de administração; ainda sobre a proteção a acionistas minoritários; e, finalmente, sobre auditoria e demonstrações financeiras, discussão e análise da administração, funcionamento e composição do conselho fiscal e acesso a informações por parte dos acionistas.

Comparados a outros mecanismos internacionais, o processo adotado no País é insuficiente diante da notória incapacidade que tem o mercado de adaptar-se a estas tendências de abertura de suas informações ao mercado e, em especial, ao acionista minoritário que, com elas, poderá implementar a fiscalização da administração. Segundo a própria CVM, procurou-se adotar alguns conceitos de outros países, adaptando-os às características da realidade brasileira. É um bom começo, a demonstrar que a crise que assola o mercado de capitais pode ter a virtude de agilizar procedimentos que, historicamente, têm-se revelado pachorrentos e ineficazes por ingerência direta dos administradores e controladores das companhias.

Em geral, as recomendações oficiais procuram sistematizar atitudes que devem ser adotadas pelas administrações, objetivando facilitar o acesso dos acionistas às assembléias, bem assim aos acordos de acionistas realizados, de forma a que estes acionistas excluídos normalmente das decisões, possam fazer uma perfeita avaliação dos seus direitos e do funcionamento da sociedade. Não obstante a boa-vontade e a elevação de princípios éticos – como o da boa-fé – a cartilha brasileira é pobre em determinações e a coerção, como dito acima, nem é cogitada. No entanto, visando dar visibilidade às empresas que aderirem ao processo de governança corporativa, criaram-se novos nichos de mercado, procurando, além de atrair companhias para esta

---

[236] CARTILHA de Governança. *Recomendações da CVM sobre governança corporativa.* Rio de Janeiro: CVM, 2002. Disponível em: http://www.cvm.gov.br. Acesso em: 15 jan. 2002.

novidade, compensar a falta de força que obrigue as empresas aderentes ao cumprimento das recomendações componentes da cartilha.

Em certas ocasiões, a governança pode ser comparada a uma gestão compartilhada? Pode-se acenar com a repartição da responsabilidade na tomada das decisões mais importantes da vida da companhia? Está muito longe disso, porquanto as recomendações constantes da cartilha brasileira não passam de superficiais oportunidades de as diversas camadas de acionistas recolher em parcas informações que os administradores e controladores dignarem-se a lhes fornecer. Não há, nem de longe, a vontade de compartir a administração ou, pelo menos, o ânimo de permitir a fiscalização através dos acionistas minoritários. Volta-se ao bordão de que sempre que se trata do assunto fiscalização por parte do acionista minoritário as determinações legais ou administrativas são insignificantes e vis. A cartilha sobre governança corporativa no Brasil não fugiu desta regra.

Num ponto contribuiu essa nova mentalidade, pois inspirou a criação, nos órgãos especializados e oficiais de negociação em bolsa, de câmaras arbitrais. É um avanço significativo para a elaboração de normas permanentes na solução de eventuais conflitos entre controladores, administradores e acionistas minoritários. Os novos mecanismos entabulados como meios alternativos para o enfrentamento de controvérsias, propiciando maior agilidade num terreno que necessita dessa rapidez de soluções, deve encontrar eco no sistema e fazer parte do conjunto de medidas tendentes a entregar aos acionistas e às sociedades anônimas que aderirem à governança corporativa novos meios de credibilidade e transparência. Não obstante a crítica que possa receber tal iniciativa dos (p)juristas defensores do sistema tripartido de governo, alegando enfraquecimento do poder judiciário, deve ser esta entendida como uma fase de inovações que pode (e deve!) levar as sociedades anônimas a trilharem um caminho de maior aproximação com os acionistas minoritários e com a sociedade em que atua.

San Pedro avança na crítica ao conjunto de normas atual e aponta como um fracasso as reformas legislativas empreendidas até agora, na tentativa de ajustar as disfunções reais no exercício do poder nas sociedades anônimas, daí por que considera como um aspecto positivo a criação da governança corporativa. Vê também como fator de valorização do processo o iniciar-se a reforma pelo conselho de administração, ante a inaptidão da assembléia geral de exercer o papel de controlador dos administradores. Por igual, suscita a idéia de incrementar a criação de controles diretos dos minoritários, a partir da organização de associações de pequenos acionistas. Contudo, este autor espanhol alinha suas preocupações diante das sombras que tolhem as luzes antes colocadas. Mostra que inexistiria compatibilidade entre o sistema anglo-saxão de produção do Direito – o da *Common Law* – e a cultura romano-germânica seguida nos países latinos – sistema da *Civil Law*. A transferência pura e simples de determinados institutos acarretaria, assim, riscos grandes de inadaptabilidade, tendentes ao fracasso do processo, deixando tudo como estava antes. Isto porque o processo fundamenta-se na introdução de parâmetros éticos no governo das sociedades anônimas, hoje impregnado pela cultura do mercado nas administrações, ficando em dúvida se haveria algum reflexo no mercado bolsista, a adoção do bom governo corporativo. Alinha, finalmente, como fundamental a intervenção legislativa para a regulação específica da governança corporativa, sem romper com a tradição européia institucionalista, em contraposição à esta tentativa de impor a concepção contratualista, que pretende a regulação pelo eficiência econômica pura e simples.[237]

O oferecimento de medidas de proteção é pequeno, diante da história que se conhece das sociedades anônimas, este notável mecanismo capitalista. Ao lado de medidas de resguardo dos direitos minoritários, como o obedecer de regras das boa gestão das companhias, outras poderão ser tomadas, como é examinado no texto seguinte.

5.4. A ineficácia do sistema atual para a proteção do exercício de fiscalização: possibilidades de superação

O importante a partir de então é solucionar a questão na prática e as vertentes para superar as dificuldades se impõem: (a) atua-se pelo modelo legislativo, como até agora tem sido feito, adotando medidas tópicas que solucionam parte (quase nada) da tensão identificada; ou (b) utiliza-se a via de decisões jurisdicionais/arbitradas, (b1) aguardando-se a construção (lenta) dos tribunais do país, numa hipótese menos viável, tendo em vista a rapidez com que acontecem os negócios, ou, (b2) numa solução mais rápida, através da nova sistemática colocada à disposição das sociedades e acionistas pela reforma de 2001, a mediação, inserida como solução pela governança corporativa, ou, (c) finalmente, mediante a interpretação/aplicação do que temos hoje em matéria de legislação protetiva do acionista minoritário, toda estruturada sobre bases do (neo, ultra) liberalismo.

Todas estas soluções devem respeitar os limites traçados até o momento neste trabalho – submissão aos direitos fundamentais e essenciais dos acionistas minoritários. Ou seja, levando em conta que a

---

[237] SAN PEDRO, 2001, p. 17-20.

interpretação da norma deve estar condicionada à Lei Maior. Isto, de rigor, é o óbvio. Mas, como diz Streck, refletindo Heidegger, esse

"óbvio é mera aparência, isto porque o óbvio, para manter-se 'como' óbvio, deve permanecer escondido/ocultado. A obviedade somente exsurgirá 'como' obviedade a partir de seu des-velamento (algo como algo). E é, finalmente, esta a nossa tarefa: des-velar as obviedades do óbvio!"[238]

Mesmo adotando-se um desses meios, não ficam afastadas as demais soluções, porque cada uma delas pode servir de esteio para a outra, numa estrutura concatenada e não isolada, respeitando uma atividade complexa como complexa é a sociedade por ações e as suas relações internas e externas. O que se reclama é tomar-se a Constituição como base estruturante para a interpretação/formação do Direito.

Para se chegar a uma verdadeira pragmaticidade, sem utilizar-se do que Canotilho chama de "interpretativismo extremo", necessário lançar-se mão dos conceitos por ele também pronunciados, no sentido de: (a) realizar-se a Constituição, tornando juridicamente eficazes as normas constitucionais; (b) interpretar a Constituição, atribuindo um significado aos vários símbolos lingüísticos, com o fim de conseguir uma decisão de problemas práticos, mediante a busca do direito contido na lei constitucional, com uma atividade complexa de submissão de um significado a um enunciado lingüístico, e conseguir um produto acabado ao significado atribuído; (c) concretizar a Constituição, num processo de densificação das normas e princípios constitucionais, preenchendo e precisando o espaço normativo de um preceito constitucional carente de concretização, entre outros.[239]

Mas é necessário passar do estudo teórico das soluções para a realidade fática, transitando em uma zona densamente povoada de dúvidas. Isto é complicado para o estudioso, porque fazer essa transição para a realidade, tornando eficazes preceitos transformados em normas e sistema, exige apuro técnico, tendente a realizar o estudo dos aspectos textuais da norma para a exata compreensão, ao mesmo tempo em que deve ser criativo para poder ver as circunstâncias em que se coloca esta norma. Mas não basta criar, pois o cultor do Direito há de atentar para os limites impostos pelo próprio sistema.

Por isso, sem perder de vista os conceitos antes emitidos, sem querer interpretar a Constituição apenas como resultado do decidir em cima do caso concreto e, ainda, correndo o sério risco de ultrapassar os limites que a doutrina tradicional impõe – e aí acordando o gigante

---

[238] STRECK, Lenio Luiz. *Hermenêutica Jurídica e(m) crise*. 2. ed. Porto Alegre: Livraria do Advogado, 2000, p. 288-289.

[239] CANOTILHO, José Joaquim Gomes. *Direito Constitucional*. Coimbra: Liv. Almedina, 1992, p. 206-211.

inerte, que certamente reagirá contra o pretenso agressor –, analisa-se superficialmente aquelas soluções apresentadas, sem eleger precipuamente qualquer uma como a definitiva, por serem todas perfeitamente realizáveis no plano fático, ainda que cada uma delas possa ser objeto de crítica, mais pela adoção de critérios egocêntricos de quem as utiliza do que pelas suas próprias características. Apenas com relação à última, utiliza-se o maior espaço permitido pela hermenêutica para melhor interpretar/aplicar a legislação hoje vigente.

Na criação legislativa, não basta lançar-se ao processo simples da interpretação e aplicação do Direito, sim utilizar-se de tudo que com ele está imbricado, desde a fonte até a identificação e escolha de fatores relevantes, que atuam e influenciam a sociedade. "Significa dizer que, perante um problema a resolver, não se aplica, apenas, uma norma primacialmente vocacionada para a solução: todo o Direito é chamado a depor. Por isso, há que lidar com os diversos ramos do Direito, em termos articulados, com relevo à Constituição".[240] Cria-se um sistema, de aplicação pragmática, que contribui para o conhecimento pleno teleológico da norma ou do instituto jurídico, o que leva a interpretá-los como integrantes de um conjunto harmônico com outros conhecimentos humanos.

Com esta técnica, haverá de se criar um conjunto jurídico de preceitos (jurídicos e de outras ciências) que, ao lado de propiciar a sempre reclamada segurança e ordem sociais, inspirando condutas e reduzindo complexidades, oferece condições de validade e bem-estar, num processo lógico e concatenado, trazendo soluções sociais e jurídicas, tudo ajustado ao desejo inspirador e iniciador de todo o sistema, que é a norma fundamental, tendo esta sido validada pelo poder autorizado a erigi-la ao alto da pirâmide de conjuntos de elementos que constituem.

> "Posto um ordenamento de normas de diversas procedências, a unidade do ordenamento postula que as normas que o compõem sejam unificadas. Essa *reductio ad unum* não pode ser realizada se no ápice do sistema não se põe uma norma única, da qual todas as outras, direta ou indiretamente, derivem".[241]

No ordenamento de que fazem parte as sociedades anônimas, não ficam excluídas as demais normas que compõem todo o sistema nacional, em razão de que todas são oriundas da norma fundamental. Isto não se pode desconhecer na elaboração das regras que orientem as sociedades por ações, pois não podem ficar divorciadas, numa visão

---

[240] LEAL, Rogério Gesta. *Hermenêutica e Direito*. Santa Cruz do Sul: Edunisc, 2002, p. 128.

[241] BOBBIO, Norberto. *Teoria do ordenamento jurídico*. Brasília: Editora UNB, 1999, p. 59.

puramente positivista, das sempre presentes e autoreguladas normas sociais.

"Na verdade, os juristas positivistas alienaram-se, acriticamente, perante os problemas reais da vida jurídica e social, da origem das normas e de seus efeitos de dominação, dedicando-se ao passatempo que parece dar certo rigor científico aos exercícios conformistas, de serviço prestado à vontade do legislador".[242]

Constata-se que as regras estatuídas não têm sido suficientes para a solução de todas as crises sociais ou individuais entre os integrantes de uma sociedade anônima, em especial quando se trata de equalizar as questões concernentes à tensão maioria versus minoria. As normas, numa visão ideal, estão aí para estabelecer o controle de toda sorte de situações, procurando harmonizar e equilibrar a sociedade. Se não se mostram aptas o bastante para alcançar este desiderato, a questão deve ser posta à apreciação de quem, no Estado Democrático de Direito, foi eleito para dirimir controvérsias, o Judiciário, tudo fundamentado no ápice do *modus operandi* de interpretação e aplicação do Direito: a Constituição.

Com efeito, o processo de interpretação constitucional está presente desde a criação da norma, passa pelas relações interindividuais, que devem ser obedientes à mesma norma, e chega ao Judiciário, encarregado de interpretar e aplicar a norma em uma seqüência lógica e inexorável, que propiciará ao observador e ao controlador/administrador das sociedades anônimas verem – se quiserem ver – que não estão sozinhos no mundo. Claro que haverá, num determinado momento, certa superposição de interpretações, cabendo a última palavra, no entanto, para o Poder Judiciário.

Häberle afirma que

"Os participantes do processo de interpretação constitucional em sentido amplo e os intérpretes da Constituição desenvolvem, autonomamente, direito constitucional material. Vê-se, pois, que o processo constitucional formal não é a única via de acesso ao processo de interpretação constitucional".[243]

No dizer deste autor, há uma permanente interação de segmentos sociais aptos a aplicar e interpretar a Lei Maior, e, ousa-se afirmar, trazendo a questão para a realidade brasileira, num espectro ampliado e que tem vocação à abertura às porções da sociedade normalmente não abrangidas pelos seus benefícios.

O supra-sumo da visão de Häberle sobre a expansão da atividade jurisdicional e da conseqüente restrição do espaço interpretativo do

---

[242] LEAL, 2002, p. 112.

[243] HÄBERLE, Peter. *Hermenêutica constitucional*. Porto Alegre: Fabris, 1997, p. 42.

legislador é de que "uma ótima conformação legislativa e o refinamento interpretativo do direito constitucional processual, constituem as condições básicas para assegurar a pretendida legitimação da jurisdição constitucional no contexto de uma teoria da Democracia".[244]

Como se examina a questão de aplicação pragmática da participação minoritária no sistema de fiscalização das sociedades anônimas, é necessário reconhecer que a equação pelo Judiciário mostra-se lenta e tendente a ser descartada pela maioria daqueles que, assinalando a necessidade de rapidez na realização dos negócios, com prejuízos ao empreendimento – e, conseqüentemente, às partes envolvidas – pregam a solução de litígios por vias alternativas.

A deficiência na administração da justiça justifica a preocupação pela adoção de outros caminhos para a solução de conflitos. Ou seja, foi a própria crise gerada – em parte, é verdade, mas a mais importante, o que também é verdadeiro – pelas práticas processuais ultrapassadas que levou à procura de outras vias. Nem adiantaram algumas tópicas alterações para solver o problema, em que, visivelmente, manietou-se a efetividade das decisões judiciais. Conclui-se com Bolzan de Morais, que

> "O consenso emerge como o grande articulador destas novas práticas, podendo ser observado ocupando lugar em vários aspectos da ordem econômica e promovendo a (re)introdução de práticas que, embora conhecidas, muitas delas, juridicamente, não tinham o reconhecimento/aceitação quotidiana dos operadores do Direito".[245]

É o que está acontecendo com a governança corporativa, por exemplo, em que se estabelecem regras de gestão e de soluções rápidas de litígios entre acionistas das sociedades anônimas, fugindo das tradicionais figuras criadas pelo e para o Poder Judiciário. Ajustam-se, desde o ingresso do acionista, regras claras de gerência das anônimas e um sistema próprio de mediação interna, além de outras normas de peculiar interesse dos acionistas e dos administradores.

Esta interação entre os acionistas de uma sociedade por ações, ganha substancial relevo, porque no Estado Democrático de Direito instalado no Brasil, há (deveria haver) esta referida e substancial contribuição de todos para o resgate dos direitos não realizados: judiciário, legislativo e executivo, no lado público; empresas e entidades não-governamentais, pela atividade privada, concorrendo, cada um com seus meios, para alcançar os objetivos traçados no contrato

---

[244] HÄBERLE, 1997, p. 49.

[245] MORAIS, José Luiz Bolzan de. *Mediação e arbitragem*. Alternativas à Jurisdição. Porto Alegre: Livraria do Advogado, 1999, p. 139.

institucional de 1988. Atuam (deveriam atuar) no vácuo criado pela ausência de políticas públicas, ou pela falta de levar à realização por meio de providências práticas as normas-programas constitucionais, ou diante de simples obstáculos colocados por aqueles já conhecidos – e que estamos habituados a ver! – ataques às conquistas sociais, tendentes a tornar ineficazes os direitos individuais ou sociais.

O Direito, neste novo contexto, passa a ter redobrada utilidade, pois salta do casulo em que normalmente é colocado pelas elites dominantes, para uma atitude ativa, visando não só servir de instrumento para solução de conflitos, mas também como uma importante engrenagem no processo orgânico de transformação da sociedade.

Surge, daí, a derradeira forma de solução pragmática das situações que envolvem acionistas minoritários e o direito de fiscalização: a busca de uma melhor interpretação/aplicação do que temos hoje em matéria de legislação protetiva do acionista minoritário, lançando mão de instrumental que foge da trivial e conhecida estrutura jurídica que embala as sociedades anônimas.

Esta estrutura obedece a uma retroalimentação constante e, por ser derivada de bases viciadas e incapazes de verem que prejudicam aos outros e a si mesma, também é incapaz de quebrar paradigmas. Pode-se chegar ao resultado pretendido – de ruptura do todo representado pela legislação das sociedades anônimas, tarefa reservada ao legislativo, como se viu – também pela compreensão e interpretação daquilo que forma o ordenamento à disposição do intérprete.

Compreender significa "o entendimento da coisa em causa, a evidência objetiva – não se trata de um procedimento psicológico-genético",[246] enquanto interpretar é avançar além do autor das palavras, dos discursos e escritos que o autor produziu, diz Gadamer, citando Chladeniu. Com o cuidado, alerta, de não juntar o "mais" do que o autor disse à compreensão, mas também observando que

> "Como 'todos os livros dos homens e seus discursos contém em si algo de incompreensível' – ou seja, obscuridades que procedem da falta de transparência objetiva – é necessário chegar a uma interpretação correta: 'Passagens estéreis podem se nos tornar fecundas', isto é, 'dar ocasião a novas idéias'".[247]

Esta visão mais avançada e que mostra uma tendência contemporânea da interpretação do pensamento jurídico, colaborando para a elaboração de novas perspectivas para os diversos ramos do Direito, influencia também na criação e propagação de idéias para a fiscalização e controle dos atos dos administradores nas sociedades anônimas.

---

[246] GADAMER, Hans-Georg. *Verdade e Método*. Traços fundamentais de uma hermenêutica filosófica. Petrópolis, Rio de Janeiro: Vozes, 1997, p. 287.

[247] Ibid.

Trata-se de matéria de grande importância para a formulação de novas políticas de desenvolvimento da sociedade. Com o crescimento das sociedades anônimas, criam-se também condições de superação da pobreza, pois esses gigantes econômicos podem contribuir sobremaneira para o progresso da humanidade.

Considerações finais

O atual quadro societário brasileiro encontra-se em dificuldades de afirmação. Seja porque fruto de entraves por ele próprio produzidos – como o que o empresariado nacional deixou de acompanhar a evolução social experimentada no momento pós-constituição de 1988 – seja pelas circunstâncias especiais vividas na internacionalização dos negócios, o certo é que a crise vivida pelo mercado de capitais é presente e preocupante.[248] E a preocupação não é só com o baixo índice de investimentos de particulares no mercado de ações, como também pelo fato de as empresas estrangeiras chegarem aqui e fecharem o seu capital, preferindo captar investimentos no exterior, o que se traduz em menores custos.

É uma distorção violenta do complexo de regras que informa as sociedades por ações, pois estas deveriam viver da alimentação proporcionada pelos investidores nacionais. No instante que isto não acontece, a situação pode ser considerada grave e de alto risco, pois prenuncia a ruptura do sistema que, se possui imperfeições, mostrou-se, no correr do tempo, como um poderoso instrumento para a formulação da política de crescimento das empresas nacionais. A reflexão sobre os problemas dessa alteração substancial noticiada leva às causas mais variadas.

Uma das razões que, sem dúvida, coloca em xeque a participação dos investidores nas empresas de capital aberto ou fechado, é a falta de perspectiva de crescimento imediato do capital investido. As inversões financeiras puras são mais atrativas justamente por isso. Ocorre que o imediatismo pretendido é incompatível com a segurança dos negócios sociais, em contraposição ao investimento feito em aplicações financeiras que, mesmo menos rentáveis, oferecem pronto retorno. Injeções volumosas de dinheiro têm sido feitas no país, provindas de outras paragens, incentivando o pagamento de juros cada vez mais altos e, em contrapartida, desestimulando a aplicação em empresas nacionais.

---

[248] MERCADO de ações procura saídas para crescer. *Zero Hora*, Porto Alegre, RBS, 29 out. 2000, p. 29.

Resultado da abertura das fronteiras ao capital estrangeiro, esta política, se arrebanha alguns frutos em certos ramos de atividades, tem causado estragos substanciais na economia do país, a ponto de também estrangular as atividades do mercado de capitais, que se viu alijado de importantes aportes, retirando a competitividade interna e externa das empresas nacionais. Dessa política resulta a ineficácia da atividade produtiva, preocupando-se o capital apenas com a globalização financeira.[249]

A crise que tem seguimento a esta política, não fica restrita ao âmbito das sociedades por ações, pois ela se estende a todos os setores que dependem de uma economia saudável e sustentada pelos meios de produção e não pela especulação financeira. Ou seja, a quebra da cadeia de produção, gera, além da fragilização das empresas, com a redução intensa do mercado de capitais, também o desemprego, a desestabilização social, baixa taxa de crescimento, aumento de risco para novas inversões financeiras, insegurança urbana e rural, enfim, toda série de intempéries sociais assistida em países com crescimento dependente do capital internacional.

Só que a globalização, por não ser uma política a ser seguida, mas sim um vezo inexorável e que toma conta da economia de todos os países, é irreversível e, por isso, devem ser tomadas providências no sentido de fortalecimento dos investimentos locais. Apenas desta forma haverá de ser contida a sanha inescrupulosa de investidores chamados voláteis, que somem ao menor indício de perda de pequena parte do capital investido. São, efetivamente, investidores que aportam grandes somas de dinheiro, mas que desestabilizam a economia não só da empresa, como também de todo o entorno que vive às custas do empreendimento.

Outra questão que pode ser abordada para explicar este estado de dúvidas e incertezas do mercado de ações, está no abandono a que foi relegado o investidor – apesar da sempre alegada proteção que lhe oferecem a cada alteração da lei societária –, alijado de qualquer participação nos negócios das sociedades, ao menos para conhecê-los melhor e poder contribuir para a otimização do principal objetivo da sociedade: o lucro. Mesmo enfrentando dificuldades com a volatização do capital, nenhuma atitude digna de nota foi tomada pelos detentores do poder no sentido de atrair o pequeno, médio ou grande investidor para fazê-lo retornar ao sistema que já deu frutos substanciosos. Quer

---

[249] GRAU, Eros Roberto. *A ordem econômica na Constituição de 1988* (Interpretação e crítica). São Paulo: Malheiros, 2002, p. 40. A "globalização é, essencialmente, globalização financeira," afirma com autoridade. Segue dizendo, com apoio em Perry Anderson, que "A desregulamentação financeira, que o programa neoliberal postula, criou condições muito mais propícias para a inversão especulativa do que produtiva, ensejando a prática de um volume astronômico de transações puramente monetárias."

dizer, até o capitalismo mostra-se inoperante na busca de soluções compatíveis com a grandeza do problema enfrentado.

Há necessidade de reversão desta expectativa, juntando-se forças tendentes à proteção do capital nacional já aplicado nas empresas, salvando-se o que delas e dele restam, e do investidor, mediante a concessão de melhores condições de fiscalização dos negócios em que aplicou sua poupança. Premente mostra-se uma virada substancial de posição. Deve engajar-se e empenhar-se o máximo, por paradoxal que possa parecer, o próprio capitalismo.[250]

A virada deve começar pelo próprio instrumento símbolo do capitalismo moderno, que é a sociedade por ações, necessitada de uma nova injeção de ânimo no sentido de voltar a ser vista como o maior exemplo de integração social, pois alia o capital com o crescimento da sociedade que vive sob a luz dos seus reflexos benfazejos.

Como se vê, as sociedades por ações no Brasil não são utilizadas naquilo que melhor mostram em países adiantados: a captação da poupança popular para aumento de capital. Frustradas têm sido as tentativas de lançamento público de ações no Brasil, buscando a subscrição de maior número delas, por um também maior número de pessoas. Normalmente o público consumidor desconfia das vantagens oferecidas, ou simplesmente, não acredita que o capital investido possa ter algum retorno, daí preferindo outros investimentos, que se revela-ram, ao longo da história econômica do País, com menores rendimen-tos, porém seguros, ou, até – quem sabe ? – mais rentáveis.

Como a rentabilidade e segurança sempre foram e serão o mote que orienta a aplicação do pequeno investidor, evidente que as empre-sas que pretenderam a democratização do seu capital, captando a poupança popular, experimentaram os insucessos decorrentes da expe-riência. Com isto, não só elas perderam esta substância, como também as bolsas de valores deixaram de criar novos nichos para um maior progresso do mercado financeiro. E contribuíram para o crescimento do descrédito.

As sociedades anônimas – principalmente aquelas que crescem e tornam-se gigantes econômicos – são objeto de referências menos elogiosas, para dizer o mínimo, de correntes ligadas a algumas ciências localizadas fora do Direito. Isto já tinha sido observado pela aguda observação de Garrigues, para quem "Os não juristas encaram com receio a sociedade anônima, temem seu poderio crescente, queixam-se

---

[250] GRAU, 2002, p. 48: "é necessário que o Estado se empenhe na defesa do capitalismo contra os capitalistas." Depois de evocar a imagem do criador que não consegue mais controlar a criatura, afirma que, para aplacar a força demoníaca da crise globalizante e neoliberal que tomou conta do sistema, deve o Estado produzir o Direito para a preservação do próprio sistema. Para que isto seja possível, diz ainda, o capitalismo deve lançar mão de uma vigorosa virtude – a virtude da transformação.

do desamparo das minorias, do poder excessivo dos administradores, da falta de informação dos acionistas e do público em geral".[251]

Este autor chama a atenção que nem entre os economistas a sociedade por ações goza de muito prestígio. Recorda, a propósito, o que Adam Smith afirmou sobre

"a impossibilidade de uma correta administração da sociedade anônima, porquanto, sendo os administradores de tais companhias administradores do dinheiro alheio e não próprio, não se pode jamais esperar que empreguem a mesma vigilância que os membros de uma sociedade de pessoas sobre os seus fundos".[252]

Por isto, ao lado da dificuldade de atrair os investimentos ante a ausência permanente de maior lucratividade, se comparado, é lógico, às inversões financeiras puras, há um outro dado a considerar. Mesmo que o apelo para capitalização de determinado empreendimento comercial ou industrial alcançasse a grande massa, a pulverização do capital desestimula o poupador/acionista, pois o coloca sempre numa situação inferior em relação ao poder.

Então, ao lado da natural desconfiança quanto à rentabilidade, observa-se também que nenhuma iniciativa dos detentores do poder nas sociedades anônimas é tomada para tornar atrativa a participação no capital das pequenas, médias ou grandes empresas que adotam esta forma jurídica, no que tange ao ingresso das minorias na administração ou, ao menos, permitindo que tenham melhores possibilidades de fiscalização de como são administrados seus investimentos.

Além disso, ao permitir a possibilidade de ser fiscalizado, o controlador que exerce a administração ou o que exerce o controle simplesmente, poderia repartir a regência da companhia com os acionistas de menor potencial econômico, também interessados no progresso do empreendimento.

No entanto, teimosamente, seja alijando o grupo minoritário da administração/fiscalização da sociedade, seja fraudando as expectativas de lucros e/ou distribuição de dividendos, os que detêm o poder de controle, preservam o "poder de dominação", conforme a feliz expressão de Comparato, citando Robinson. Diz ainda que a palavra controle, no âmbito da sociedade anônima, deve ser utilizada no sentido forte de "dominação", como a expressão consagrada pela semiótica anglo-saxônica, e não apenas no sentido fraco de "poder regulamentar", ou na acepção francesa de "fiscalização".[253]

---

[251] GARRIGUES, Joaquín. *Problemas atuais das sociedades anônimas*. Tradução Norberto Caruso MacDonald. Alegre: Fabris, 1982, p. 9.

[252] Ibid., p. 10.

[253] COMPARATO, Fábio Konder. *O poder de controle na sociedade anônima*. São Paulo: Revista dos Tribunais, 1977, p. 14.

A dominação aplaca qualquer sentimento de reação dos pequenos investidores, colocando-os numa posição de subalternidade, sujeitos permanentemente à vontade do dominador.

Sem tratar especificamente do tema, esta situação está bem enfocada por Lenio Streck, que critica a separação das classes sociais do país e a resistência que a elite nacional tem para diminuir a diferença entre elas existente. No entender do autor, a dificuldade é cultural, pois provém da histórica tendência escravagista dessa elite. Afirma que "Nossas classes dirigentes e o *establishment* jurídico sabem o que está acontecendo, mas fecham os olhos propositadamente e continuam fazendo as mesmas coisas que faziam historicamente".[254]

Mesmo partidários da manutenção do *status quo,* devem convir que o mercado de capitais não pode prescindir deste modelo de companhia – o que capta a poupança popular – pois este é o seu precípuo papel, dotando os agentes econômicos de meios e formas de negociação de títulos e valores mobiliários, propiciando alternativas de investimento para poupadores e de captação de recursos para empresas, materializando-se através da reunião de pequenas economias esparsas e direcionando-as para aplicações em grandes projetos de risco,[255] como já referia Pontes de Miranda, aludindo a dois fatos econômicos dos tempos modernos que influenciaram decisivamente à criação da sociedade por ações: a necessidade de grande capital para empresa e a insuficiência do capital individual.[256]

Este poder/dominação não se modifica muito em empresas de pequeno, médio ou grande portes. Está presente na empresa de família, onde impera a vontade do patriarca, detentor da maioria do capital ou nas sociedades anônimas colossais, citadas por Ascarelli, mostrando o crescimento de empresas cujos acionistas são, por seu turno, outras anônimas que, por seu turno, invertem o próprio capital em ações, e assim por diante.[257] Onde existir a influência de um acionista ou de um grupo deles sobre um ou sobre os demais, existe a dominação e a conseqüência circunstancial, que são as divergências.

Estas divergências podem ser contornadas, clamando o estado atual das sociedades anônimas por mudanças legislativas. A intervenção estatal, como afirmado, é essencial, mas, antes de tudo, porém, a alteração deve ser de atitude, pois a questão como está apresentada

---

[254] STRECK, Lenio Luiz. *Hermenêutica Jurídica e(m) crise.* 2. ed. Porto Alegre: Livraria do Advogado, 2000, p. 32.

[255] ALBINO, Fernando. Direitos essenciais do acionista. *Cadernos de Direito Econômico e Empresarial,* São Paulo: Revista de Direito Público, n. 80, out./dez. 1986, p. 213.

[256] MIRANDA, Pontes de. *Tratado de Direito Privado.* 3. ed. Rio de Janeiro: Borsoi, 1984. Tomo L, p. 3.

[257] ASCARELLI, Tullio. *Problemas das sociedades anônimas e direito comparado.* São Paulo: Saraiva, 1969, p. 28-29.

exige nova postura. São poucas necessidades, bastando aos controladores/administradores dos grandes conglomeradas alinharem-se na mesma senda que vem sendo trilhada pelas novas conquistas da cidadania.

Apesar das críticas, o desenvolvimento capitalista mantém sua posição de vanguarda nos países adiantados. Daí por que nem as diversas e novas situações criadas pela constante modernização das empresas e os avanços tecnológicos experimentados por alguns setores da economia, conseguiram arranhar o prestígio das sociedades anônimas no campo fértil do progresso do capital.

Isto leva a conseqüência de que deve ser alimentada constantemente a dialética, para que seja possível uma constante descrição do que é a realidade, hoje permanentemente alimentada pela dinâmica do movimento das coisas novas, a ensejar tensões inesgotáveis, derrubando qualquer previsão e oferecendo quebras estruturais nunca antes imaginadas, contrapondo-se à opinião de Garrigues que entendia ser difícil a tarefa de falar algo novo a respeito da sociedade anônima, ao enfatizar que dela "já se disse, para o bem ou para o mal, tudo o que se poderia dizer".[258] Ousa-se discordar do mestre espanhol. Nada é mais atual do que a própria sociedade por ações no regime capitalista.

Como também não perde a atualidade o controle – agora no sentido de fiscalização do controle – que o acionista minoritário pode e deve exercer na administração das companhias, pois, como ensina Comparato, "a propriedade dinâmica, ou controle sobre bens de produção, não tem por objetivo a fruição, mas a produção de outros bens ou serviços (...)." Esta necessidade de dinamismo traz consigo uma relação de poder de um ou mais homens sobre outros homens, na forma de uma empresa. E completa o consagrado mestre: "Perante uma propriedade desse tipo, a problemática fundamental não é a de proteção e tutela contra turbações externas, mas sim a de fiscalização e disciplina do seu exercício, a fim de se evitar o abuso ou desvio de poder". Daí, confirmando a permanência da pauta de discussão, afirma que o "controle do controle" é um permanente desafio.[259]

Pelo menos, o legislador tem procurado manter atualizado o sistema legal, ainda que despreocupado com o problema do acionista minoritário e mesmo que esta atualização seja fruto da pressão exercida pelos sempre novos rumos da atividade produtiva globalizada, ou ainda dos grupos econômicos que a comandam. Algumas brechas, contudo, podem ser vistas no arcabouço jurídico que orienta a matéria.

A legislação nacional, na parte referente à fiscalização dos acionistas minoritários nas sociedades por ações, procura manter-se também atualizada. A lei atual tem, em sua estrutura, normas protetivas às

---

[258] GARRIGUES, 1982, p. 9.

[259] COMPARATO, 1977, p. 96.

minorias, chegando a classificar de *essenciais* alguns direitos dos acionistas, entre os quais o de fiscalizar, na forma prevista pela própria lei, a gestão dos negócios sociais (art. 109, III). O texto já foi modificado e alterou substancialmente alguns dispositivos pertinentes à matéria ora analisada e, em especial, o Conselho Fiscal. No entanto, a questão ainda continua em debate.

Por isso, não se deve esquecer que o órgão decisor, por excelência, localiza-se na reunião dos acionistas – a assembléia geral. A regra, portanto, é que toda decisão obedecerá ao sistema majoritário, ressalvadas as exceções que o próprio ordenamento prevê. Mas, o exercício do poder não fica restrito apenas àquele momento – também na elaboração de todos os projetos de interesse dos majoritários a serem apreciados na própria assembléia de acionistas, como ainda se reflete na administração da sociedade. Em todos há a prevalência da maioria.

Deve-se reconhecer que esta situação não pode ser diferente, porquanto a igualdade entre os acionistas desfiguraria o sistema por ações, passando a ser uma sociedade de pessoas; ou que suas decisões deveriam ser tomadas apenas pela unanimidade dos sócios, fora as exceções, para confirmar a regra. No entanto, permite-se afirmar que não é uma instituição totalitária.[260]

Nestas reuniões assembleares assomam alguns dos direitos dos acionistas minoritários, para o fim de exercer a fiscalização dos negócios sociais, como os de convocar a assembléia geral, de ser convocado por carta registrada ou telegrama para a reunião das sociedades fechadas, de discutir a matéria em pauta, ainda que não tenha voto, e direito de solicitar a relação de endereços dos acionistas aos quais a companhia enviou pedidos de procuração, para o fim de remeter novo pedido. Mas, também há de se reconhecer que são pequenas aberturas, sem importância maior no contexto geral da lei.

Mercê dessa superioridade enformada no próprio sistema, posicionam-se, de um lado, o controlador, que pode ser uma pessoa ou um grupo de pessoas, físicas ou jurídicas, e de outro, o minoritário, que também pode reunir-se em grupo. Cada um tentando fazer valer os seus direitos. Daí a necessidade de regulamentação e de uma permanente atualização, para que a lei que é atual hoje, não seja atropelada pela velocidade imanente aos grandes negócios amanhã. Ao mesmo tempo, não se deve permitir que a minoria seja espoliada pela maioria.[261]

---

[260] GUERREIRO, José Alexandre Tavares. O conceito de acionista minoritário e o direito dos acionistas. *Cadernos de Direito Econômico e Empresarial*, São Paulo: Revista de Direito Público, v. 18, n. 76, p. 259-264, out./dez. 1985.

[261] Tratando sobre a distribuição de dividendos, que é um direito do acionista de determinada classe de ações, o mestre gaúcho Hernani Estrela afirmava: "Quando, em face desse estado de coisas, os desventurados acionistas componentes da minoria querem protestar, a maioria lhes

Como exemplo é a preocupação com o mercado de capitais – emissão, distribuição, negociação e intermediação de valores mobiliários – que se vê na Lei 6.835/76. Contém regras destinadas a estimular a formação de poupança e a sua aplicação em valores mobiliários, mas ao mesmo tempo pretende que o Conselho Monetário Nacional e a Comissão de Valores Mobiliários exerçam suas atribuições para proteger os titulares de valores mobiliários e os investidores contra atos ilegais de administradores e acionistas controladores das companhias abertas, ou de administradores de carteiras de valores mobiliários.

Este permanente intervencionismo estatal pode contribuir para a mudança da atitude até hoje vista. Isto tem sua razão de ser na exata medida da possibilidade teórica crescente de captação da poupança popular e da necessidade de controlar os administradores desonestos e os abusos por eles praticados, abrigados sob o manto protetor das assembléias gerais, os quais, normalmente, detêm o controle através da maioria.

Preconizando a também intervenção do Poder Judiciário no âmbito das relações societárias, pela tensão entre acionistas, a doutrina defende que se deixe cada vez menos para o âmbito estatutário a regulação da estrutura e funcionamento da sociedade anônima, devendo-se preferir a minudência das leis nesta matéria. Reconhece também que a intervenção judicial nas questões das sociedades anônimas se dá com maior ênfase nos países desenvolvidos.[262]

Não no Brasil, onde impera o acanhamento dos juízes em intervir nas relações societárias, ao argumento de que o estatuto, como contrato entre partes, pode e deve regular as tensões sociais. Nada mais equivocado, se considerarmos o atual estágio de avanços permitidos na Constituição de 1988. Isto é, independentemente das falhas e contradições encontradas na lei das sociedades anônimas, a orientação pode ser buscada na ordem constitucional.

Com efeito, há de se considerar o caráter público das sociedades por ações, a ensejar o socorro à proteção dos minoritários – com destaque à fiscalização dos atos administrativos, negociais e contábeis da sociedade – com fundamento nos direitos fundamentais abertos da

---

opõe carradas de razões. Responde que à Administração, com o plácito da Assembléia, cabe resolver sobre o que mais convenha à sociedade, traduzindo-lhe o querer e o sentir, sendo a vontade do órgão coletivo essencialmente diversa da vontade singular de cada um de seus membros. Nesta composição, deve prevalecer o interesse "superior" impessoal, que é o bem comum... Para protegê-lo, pois, os poderes dirigentes (Administração e Assembléia) têm a prerrogativa de adotar, conforme o seu critério prudencial, as medidas econômicas e financeiras que julgar necessárias ao bem da empresa. Aos sócios, singularmente considerados, como também ao judiciário, é defesa qualquer apreciação a tal respeito" (ESTRELA, Hernani. *Direito Comercial – estudos*. Porto Alegre: Ed. RJ, 1969, p. 45).

[262] BULGARELLI, Waldírio. *Regime Jurídico do Conselho Fiscal das S/A*. Rio de Janeiro: Renovar, 1998b, p. 25.

Constituição. Ora, ainda que devam ser devidamente circunstanciadas as atividades empresariais em sua concretude, não há como negar a existência de relação entre os direitos dos acionistas e a dignidade humana.

Nessa particularidade, deve ser lembrado que a marca da liberdade de iniciativa não pode ser defendida sem que se atente para a rede social em que se insere. Desconhecer esta realidade é afastar-se do disposto no art. 170 da Carta Federal, que determina os limites da livre iniciativa na garantia a todos de uma existência digna, conforme os ditames da justiça social. Esta interação permanente é que deve ser a motivação da doutrina e, num segundo momento, do legislador, que é o encarregado de dar formas à teoria doutrinária.

A pregação da abertura das sociedades anônimas para a fiscalização dos minoritários, portanto, não obedece a qualquer incentivo ideológico, porquanto basta uma simples vista d'olhos nos diversos dispositivos constitucionais para que se tenha idéia do alcance que deve ter qualquer iniciativa deste porte. Por isso, nem tanto à oligarquia, como governo de poucos em detrimento dos demais, nem tanto à democracia pura, com a participação indiscriminada de todos, como forma de estabelecer uma perfeita harmonia entre os interesses em jogo no controle interno da sociedade anônima.

Deve ser encontrado o equilíbrio, pois hoje nem a democracia representativa – que é muito menos do que a democracia participativa – é identificada na sociedade por ações. Isto gera uma ausência de produção fiscalizatória das maiorias compostas de acionistas minoritários. Não se persegue qualquer modelo utópico, com todos os perigos decorrentes dessa radicalização de idéias, mas enfatiza-se a necessidade de que aos direitos majoritários de controle e governo, impõe-se a contrapartida de dotar-se a minoria acionária de mecanismos que possam resultar na derrubada de decisões que, ao fim, podem resultar até em prejuízo da própria empresa.

Em outras palavras, se propiciada melhor fiscalização, a condução dos negócios também deverá respeitar, por força da pressão exercida, os limites da boa administração e dos indicativos legislativos pertinentes à organização e demonstração das contas, evitando-se surpresas que geram insegurança no mercado e, como consectário, resultados negativos contábeis. Esta reclamação também obedeceria à igualdade de tratamento previsto na Constituição, sem a odiosa discriminação puramente econômica. Afinal, se é necessário o grande empreendedor para dar partida a qualquer grande empresa, também necessita do minoritário para, mediante pulverização do capital, dar continuidade ao empreendimento.

Estas vertentes constitucionais é que podem/devem ser as saídas fluídas dos direitos dos minoritários, a ensejar que penetrem no tecido social e interliguem-se suficientemente para poderem também participar da fiscalização efetiva da forma de condução dos negócios sociais. Pensar de forma diversa será inviabilizar o acesso à realidade da convivência digna, relegando o texto constitucional à mera formalidade. Não obstante inexistir regra preordenando que o princípio deve ser aplicado às sociedades por ações, o sistema aberto da Constituição (art. 5º, § 2º) permite sua efetivação neste campo.

Afinal, tanto no início das sociedades anônimas, há dois séculos passados, como agora, esta criação do Direito Comercial tem sido apontada como forma apropriada de abertura e democratização do capital e soa absurda a pretensão sempre demonstrada pelos controladores/administradores de governar por governar, sem repartir o poder.

Como se vê, a questão parece voltar sempre ao ponto de partida, sem que soluções possam ser alvitradas com êxito. Este círculo vicioso, contudo, pode ser revisto pela nova mentalidade criada a partir, justamente, da crise que é referida ao início desta etapa final do trabalho. Visando dar maior visibilidade e transparência à administração, gerou-se a alternativa de as empresas de grande porte aderirem à governança participativa. A medida, que também pode ser aplicada às sociedades médias e pequenas com as devidas adaptações, visa obtemperar as críticas que recebem as sociedades por ações que não permitem uma maior fiscalização de seus negócios.

É um passo importante, mas ainda pequeno para retirar o assunto da roda em que foi posto pela intransigência dos defensores da manutenção da situação nestes quase dois séculos de existência da sociedade anônima. Não se pode negar a existência de uma permanente tensão entre maioria e minoria dentro das sociedades por ações, decorrente da relação de subjugação que se tornou tradicional, com severa dificuldade de mudança. Há que aguçar, por isso, o senso crítico dos responsáveis pela necessária virada de posição, tornando-se imprescindíveis para a construção de uma nova capacidade intelectiva, que, ao mesmo tempo, permita a aplicação segura dos direitos já existentes, numa interpretação conforme os princípios constitucionais, e também contribua, decisivamente, para a alteração do sistema legislativo, colocando-o em harmonia e obediência a estes mesmos ditames da Carta Magna.

O Estado Democrático de Direito exige esta tomada de posição, não se podendo alijar qualquer uma das camadas sociais que dele participam. O direito, então, é o melhor instrumento de defesa para obter-se a proteção de garantias essenciais. Deste raciocínio – que, como Rogério Gesta Leal, também afirma-se neste texto não existir nada de revolucionário – pode-se igualmente concluir que o sistema legislativo reservado a determinado instituto jurídico é o meio adequado, juntamente com o direito constitucional e ao lado dele, para realizar os valores metajurídicos insertos em seu texto. Abre-se, em conseqüência, oportunidade para valorizar as diferenças sociais, realizando um exame minucioso da interferência legal e encontrando um critério/finalidade que dê chances de "perseguir a igualdade substancial e social, no intento de minimizar e compensar as desigualdades através de ações institucionais e políticas".[263]

A sociedade por ações – como qualquer segmento dos que se integram no tecido social – não passa ao largo dessa persecução de idealidade. Haverá quem diga que, para os grandes conglomerados financeiros, donos praticamente da economia mundial, este pensamento beira (ou chega a ser) utópico, não tendo aplicação na vida prática.

Ledo engano. Sobre ser a definição de utopia controvertida, ao mesmo tempo confundida na história,[264] o que se pretende é pensar um mundo social e econômico não só pensável, mas também realizável, sem por vendas para cegar e não ver também a necessidade de autonomizar-se o pensamento técnico-econômico. O que se quer deixar para uma consideração atenta e sujeita também à críticas, são utopias refletidas, com forte dose de desvios do conservadorismo, mas que podem ser (e são) expressão de crítica social justificada.[265] Nada mais apropriado, então, que partir-se da necessidade de algo palpável e intensamente presente no cotidiano da comunidade que elegeu o mercado como ser intangível: a sociedade por ações. Noutro corte, suficiente por si mesmo e também justificando uma percuciente observação, estão os direitos de fiscalização do acionista minoritário.

---

[263] LEAL, Rogério Gesta. *Perspectivas Hermenêuticas dos Direitos Humanos e Fundamentais no Brasil.* Porto Alegre: Livraria do Advogado, 2000, p. 88.

[264] BOBBIO, Norberto; MATTEUCCI, Nicola; GIANFRANCO, Pasquino. *Dicionário de Política.* Brasília: Ed. UNB; São Paulo: Imprensa Oficial do Estado, 2000, p. 1285.

[265] ENDERLE, Georges; HOMANN, Karl; HONECKER, Martin; STEINMANN, Horst. *Dicionário de Ética Econômica.* São Leopoldo: Ed. Unisinos, 1997, p. 649.

Referências bibliográficas

ABRÃO, Carlos Henrique. Direito das Minorias. In: LOBO, Jorge (Org.). *Reforma da Lei das Sociedades Anônimas* – inovações e questões controvertidas da Lei 10.303, de 31.10.2001. Rio de Janeiro: Forense, 2002.

ALBINO, Fernando. Direitos essenciais do acionista. *Cadernos de Direito Econômico e Empresarial*, São Paulo: Revista de Direito Público, n. 80, p. 213-219, out./dez. 1986.

ASCARELLI, Tullio. *Problemas das sociedades anônimas e direito comparado*. São Paulo: Saraiva, 1969.

———. Usos e abusos das sociedades anônimas. *Revista Forense*, Rio de Janeiro, LXXXVIII, p. 5-33, 1941.

ASCHLEY, Patrícia Almeida (Coord.). *Ética e responsabilidade social nos negócios*. São Paulo: Saraiva, 2002.

BARBI FILHO, Celso. *Acordo de Acionistas*. Belo Horizonte: Del Rey, 1993.

BATALHA, Wilson de Souza Campos. *Comentários à Lei das S/A*. São Paulo: Forense, 1977. II v.

———. *Comentários à Lei das Sociedades Anônimas*. Rio de Janeiro: Forense, 1977. I v.

BATALLER, Carmen Alborch. *El derecho de voto del accionista* (Supuestos especiales). Madrid: Editorial Tecnos, 1977.

BERLE JR., Adolf A. *Prólogo*. La Sociedad Anónima em la sociedad moderna. Buenos Aires: Depalma, 1967. Do original de Edward S. Mason (Org.), The corporation in moderna society.

BETES, Miguel A. Sasot; SASOT, Miguel P. *Sociedades Anónimas*: el órgano de administración. Buenos Aires: Depalma, 1980.

BOBBIO, Norberto. *A era dos direitos*. Rio de Janeiro: Campus, 1992.

———. *Teoria do ordenamento jurídico*. Brasília: Editora UNB, 1999.

BOBBIO, Norberto; MATTEUCCI, Nicola; GIANFRANCO, Pasquino. *Dicionário de Política*. Brasília: Ed. UNB; São Paulo: Imprensa Oficial do Estado, 2000.

BONAVIDES, Paulo. *Curso de Direito Constitucional*. São Paulo: Ed. Malheiros, 1996.

BORBA, José Edwaldo Tavares. *Direito Societário*. Rio de Janeiro: Renovar, 2001.

BULGARELLI, Waldírio. Direito de fiscalização da companhia por acionista e dever de informar da Administração. *Revista dos Tribunais*, São Paulo: RT, v. 73, n. 580, p. 58-67, fev. 1984.

———. *Regime jurídico da proteção às minorias nas S/A*. Rio de Janeiro: Renovar, 1998a.

———. *Regime Jurídico do Conselho Fiscal das S/A*. Rio de Janeiro: Renovar, 1998b.

CAMARGO, Geraldo Carlos de Almeida. Direito das minorias na sociedade anônima. *Revista de Jurisprudência do TJES*, São Paulo: Lex, v. 75, p. 13-18, 1982.

CAMPILONGO, Celso Fernandes. *O direito na sociedade complexa*. São Paulo: Max Limonad, 2000.

CANOTILHO, José Joaquim Gomes. *Direito Constitucional*. Coimbra: Almedina, 1992.

CANTIDIANO, Luiz Leonardo. A Reforma da lei das sociedades por ações. *Revista Forense*, Rio de Janeiro, v. 93, n. 340, p. 127-144, out./dez. 1997.

CARMO, Eduardo de Sousa. *Relações jurídicas na administração da S.A.* Rio de Janeiro: Aide, 1988.

CARTILHA de Governança. *Recomendações da CVM sobre governança corporativa.* Rio de Janeiro: CVM, 2002. Disponível em: http://www.cvm.gov.br. Acesso em: 15 jan. 2002.

CARVALHOSA, Modesto. Comentários à minuta do anteprojeto contendo alterações à vigente lei societária, colocada em audiência pública pela Comissão de Valores Mobiliários em 18 de janeiro de 1993. *Cadernos de Direito Tributário e Finanças Públicas*, São Paulo, v. 1, n. 3, p. 193-232, abr./jun. 1993.

——. A Lei 7.958, de 20.12.89 e o direito de retirada dos acionistas dissidentes. *Revista de Direito Mercantil, Industrial, Econômico e Financeiro*, São Paulo: Revista dos Tribunais, v. 33, n. 96. p. 21-27, out./dez. 1994.

——. *Comentários à Lei de Sociedades Anônimas*. São Paulo: Saraiva, 1997. 2 v.

——; EIZIRIK, Nelson. *A nova lei das S/A*. São Paulo: Saraiva, 2002.

CARVALHOSA, Modesto; LATORRACA, Nilton. *Comentários à Lei de Sociedades Anônimas*. São Paulo: Saraiva, 1997.

CHAVES, Antonio. Da necessidade da fiscalização pelo poder público dos recursos das sociedades anônimas. *Revista Forense*, Rio de Janeiro: Forense, v. 249, p. 378-384, 1975.

CLUSELLAS, Eduardo L. *Gregorini. La proteccion de las minorias en las sociedades anonimas.* Buenos Aires: Abeledo-Perrot, 1959.

COMPARATO, Fábio Konder. Direito de recesso de acionista de sociedade anônima. *Revista dos Tribunais*, São Paulo, v. 71, n. 558, p. 33-40, abr. 1982.

——. *Direito Empresarial*. Estudos e pareceres. São Paulo: Saraiva, 1995.

——. Estado, Empresa e Função social. *Revista dos Tribunais*, São Paulo, v. 732, p. 38-54, 1996.

——. *Novos ensaios e pareceres de Direito Empresarial*. Rio de Janeiro: Forense, 1981.

——. *O poder de controle na sociedade anônima*. São Paulo: Revista dos Tribunais, 1977.

COSTA, José Rubens. Sociedades Anônimas: direitos essenciais dos acionistas. *Revista Forense*, Rio de Janeiro, v. 270, p. 366-374, 1980.

CRETELLA JR., José. *Comentários à Constituição Brasileira de 1988*. Rio de Janeiro: Forense Universitária, 1992. I v.

DIAS, Jean Carlos. *Gestão das Sociedades Anônimas*. Curitiba: Juruá, 2001.

EIZIRIK, Nelson. *Aspectos modernos do direito societário*. Rio de Janeiro: Renovar, 1992.

——. O PROER e os acionistas minoritários – "Lei Teresoca dos Bancos". *Revista Monitor Público*, Rio de Janeiro, n. 9, 1996.

ENDERLE, Georges; HOMANN, Karl; HONECKER, Martin; STEINMANN, Horst. *Dicionário de Ética Econômica*. São Leopoldo: Ed. Unisinos, 1997.

ESTRELA, Hernani. *Direito Comercial – estudos*. Porto Alegre: Ed. RJ, 1969.

FARIA, Bento de. *Código Comercial Brazileiro*. Rio de Janeiro: J. Ribeiro dos Santos, 1912.

FAYET JÚNIOR, Ney; CORRÊA, Simone Prates Miranda (Org.). *A sociedade, a violência e o Direito Penal*. Porto Alegre: Livraria do Advogado, 2000.

FERRAZ JR., Tercio Sampaio. *Direito, retórica e comunicação*. 2. ed. São Paulo: Saraiva, 1997.

FERREIRA, Aurélio Buarque de Holanda. *Dicionário Aurélio Eletrônico 2,0.* [S.l.], 1998. 1 CD-ROM.

FORRESTER, Viviane. *Uma estranha ditadura.* São Paulo: Ed. Unesp, 2001.

FRANÇA, Erasmo Valladão Azevedo e Novaes. *Conflito de interesses nas assembléias gerais de S.A.* São Paulo: Malheiros, 1993.

——. *Invalidade das deliberações de assembléia das S/A.* São Paulo: Malheiros, 1999.

FRONTINI, Paulo Salvador. Sociedade anônima: a questão do voto múltiplo. *Revista de Direito Mercantil, Industrial, Econômico e Financeiro,* São Paulo: Ed. Revista dos Tribunais, v. 37, n. 113, p. 68-77, jan./mar. 1999.

GADAMER, Hans-Georg. Verdade e Método. *Traços fundamentais de uma hermenêutica filosófica.* Petrópolis, Rio de Janeiro: Vozes, 1997.

GARRIGUES, Joaquín. *Nuevos hechos, nuevo Derecho de sociedades anónimas.* Madrid: Editorial Revista de Derecho Privado, 1933.

——. *Problemas atuais das sociedades anônimas.* Tradução Norberto Caruso MacDonald. Porto Alegre: Fabris, 1982.

GRAEFF JR., Cristiano. *Compêndio Elementar das Sociedades Comerciais.* Porto Alegre: Livraria do Advogado, 1997.

GRAU, Eros Roberto. *A ordem econômica na Constituição de 1988* (Interpretação e crítica). São Paulo: Malheiros, 2002.

GREBLER, Eduardo. A responsabilidade do acionista controlador frente ao acionista minoritário na sociedade anônima brasileira. *Revista dos Tribunais,* São Paulo, v. 82, n. 694, p. 35-42, ago. 1993.

GUERREIRO, José Alexandre Tavares. O conceito de acionista minoritário e o direito dos acionistas. *Cadernos de Direito Econômico e Empresarial,* São Paulo: Revista de Direito Público, v. 18, n. 76, p. 259-264, out./dez. 1985.

——. Sociedade Anônima: poder e dominação. *Revista de Direito Mercantil,* São Paulo: RT, v. 53, p. 72-80, 1984.

——. Sociologia do poder no poder na Sociedade Anônima. *Revista de Direito Mercantil,* São Paulo: Revista dos Tribunais, v. 77, p. 50-56, 1990.

HÄBERLE, Peter. *Hermenêutica constitucional.* Porto Alegre: Sérgio Antonio Fabris, 1997.

HOBBES, Thomas. *Leviatan.* México: Fondo de Cultura Económica, 1998.

KANDIR, Antônio. A nova CVM e a modernização da Lei das S.A. In: LOBO, Jorge (Org.). *Reforma da Lei das Sociedades Anônimas* – inovações e questões controvertidas da Lei n. 10.303, de 31.10.2001. Rio de Janeiro: Forense, 2002.

KELSEN, Hans. *Teoria Pura do Direito, versão condensada pelo próprio autor.* 2. ed. São Paulo: Revista dos Tribunais, 2002.

LACERDA, J. C. Sampaio de. *Manual das Sociedades por Ações.* Rio de Janeiro: Freitas Bastos, 1971.

LAMY FILHO, Alfredo; PEDREIRA, José Luiz Bulhões. *A Lei das S. A.: pressupostos, elaboração e aplicação.* Rio de Janeiro: Renovar, 1992.

LAMY FILHO, Alfredo. Considerações sobre a elaboração da Lei de S.A. e de sua necessária atualização. *Revista de Direito Mercantil,* São Paulo: Revista dos Tribunais, n. 104, p. 86-94, 1996.

LEAL, Rogério Gesta. *Hermenêutica e Direito.* Santa Cruz do Sul: Edunisc, 2002.

——. *Perspectivas Hermenêuticas dos Direitos Humanos e Fundamentais no Brasil.* Porto Alegre: Livraria do Advogado, 2000.

LIMA, Osmar Brina Corrêa. *O acionista minoritário no direito brasileiro*. Rio de Janeiro: Forense, 1994.

LOBO, Jorge. Proteção à minoria acionária. *Revista de Direito Mercantil*, São Paulo, v. 36, n. 105, p. 25-36, jan./mar. 1997.

LYOTARD, Jean-François. *A condição pós-moderna*. Rio de Janeiro: José Olympio, 2002.

MAGALHÃES, Roberto Barcellos de. *A nova lei das sociedades por ações comentada*. Rio de Janeiro: Freitas Bastos, 1977. 2 v.

MERCADO de ações procura saídas para crescer. *Zero Hora*, Porto Alegre: RBS, 29 out. 2000, p. 29.

MIRANDA, Pontes de. *Tratado de Direito Privado*. 3. ed. Rio de Janeiro: Borsoi, 1972. Tomo LI.

——. *Tratado de Direito Privado*. 3. ed. Rio de Janeiro: Borsoi, 1984. Tomo L.

MORAIS, José Luiz Bolzan de. *Mediação e arbitragem*. Alternativas à Jurisdição. Porto Alegre: Livraria do Advogado, 1999.

MORITZ, Renata Brandão. As hipóteses de recesso na lei das sociedades anônimas. *Revista de Direito Mercantil, Industrial, Econômico e Financeiro*, São Paulo: Revista dos Tribunais, v. 35, n. 101, p. 56-75, jan./mar. 1996.

MOSER, Rudolf. Proteção da minoria acionista no direito brasileiro e suíço. *Revista dos Tribunais*, São Paulo: Revista dos Tribunais, v. 61, n. 442, p. 11-15, ago. 1972.

MÜLLER, Friedrich. *Direito, Linguagem, Violência: elementos de uma teoria constitucional*, I. Tradução Peter Naumann. Porto Alegre: Fabris, 1995.

OLIVEIRA JÚNIOR, José Alcebíades de. *Teoria Jurídica e Novos Direitos*. [S.l.]: Lumen Juris, 2000.

OLIVEIRA, Almir de. Composição e recomposição do Conselho de Administração das sociedades anônimas. *Revista da AJURIS*, Porto Alegre, v. 21, p. 175-178, 1981.

PENTEADO, Mauro Rodrigues. Ações Preferenciais. In: LOBO, Jorge (Org.). *Reforma da Lei das Sociedades Anônimas* – inovações e questões controvertidas da Lei n. 10.303, de 31.10.2001. Rio de Janeiro: Forense, 2002.

PEREIRA, Pedro Barbosa. *Curso de Direito Comercial*. São Paulo: Revista dos Tribunais, 1969. II v.

PLANCK, G. *Bürgerliches Gesetzbuch nebst Einführungsgesetz*. Berlin: I. Guttentag, 1903. Tomo 1.

REQUIÃO, Rubens. O controle e a proteção dos acionistas. *Revista de Direito Mercantil*, São Paulo: RT, n. 15/16, p. 23-36, 1974.

——. Responsabilidade das maiorias e proteção das minorias nas sociedades anônimas. In: NOGUEIRA, Adalício et al. *Estudos Jurídicos em Homenagem ao Prof. Orlando Gomes*. Rio de Janeiro: Forense, 1979. p. 543-577.

RIPERT, Georges. *A regra moral nas obrigações civis*. Campinas: Bookseller, 2000.

——. *Tratado Elemental de Derecho Comercial*. Tradução Felipe de Solá Cañizares. Buenos Aires: Tipográfica, 1954. II v.

ROCHA, Leonel Severo. *Epistemologia Jurídica e Democracia*. São Leopoldo: Ed. Unisinos, 1998.

RUBIO, Jesus. *Curso de Derecho de Sociedades Anónimas*. Madrid: Ed. de Derecho Financiero, 1964.

RUSSEL, Alfredo. *Curso de Direito Commercial Brasileiro*. Rio de Janeiro: J. Ribeiro dos Santos, 1928. I v.

SAFRANSKI, Rüdiger. Heidegger. *Um mestre da Alemanha entre o bem e o mal*. São Paulo: Geração Editorial, 2000.

SALOMÃO FILHO, Calixto. *O novo direito societário*. São Paulo: Malheiros, 1998.

SAN PEDRO, Luis Antonio Velasco. Governo das sociedades cotadas. *Revista Direito Mackenzie*, São Paulo: Editora Mackenzie, n. 2, p. 9-36, 2001.

SARLET, Ingo Wolfgang. *A eficácia dos direitos fundamentais*. Porto Alegre: Livraria do Advogado, 2001.

SARTORI, Giovanni. *Elementos de Teoria Política*. Madrid: Alianza Editorial, 1999.

——. *Teoria Democrática*. Rio de Janeiro: Fundo de Cultura, 1965.

SCISINIO, Alaôr Eduardo. *As maiorias acionárias e o abuso do direito*. Rio de Janeiro: Forense, 1998.

SILVA, José Afonso da. *Curso de Direito Constitucional Positivo*. São Paulo: Malheiros, 1993.

SILVA, José Anchieta. *Conselho Fiscal nas sociedades anônimas brasileiras*. Belo Horizonte: Del Rey, 2000.

SILVA, Reinaldo Pereira da. *O mercado de trabalho humano*. São Paulo: LTr, 1998.

STEINKE, Dora Berger. Conceito e direitos dos acionistas: não controladores na legislação alemã e na Brasileira. *Revista dos Tribunais*, São Paulo: Revista dos Tribunais, v. 87, n. 750, p. 46-68, abr. 1998.

STRECK, Lenio Luiz. *Hermenêutica Jurídica e(m) crise*. 2. ed. Porto Alegre: Livraria do Advogado, 2000.

——; MORAIS, José Luiz Bolzan de. *Ciência política e Teoria Geral do Estado*. Porto Alegre: Livraria do Advogado, 2000.

TEIXEIRA, Egberto Lacerda. *Sociedades Limitadas e Anônimas no Direito Brasileiro* (Estudo comparativo). São Paulo: Saraiva, 1987.

——; GUERREIRO, José Alexandre Tavares. *Das Sociedades Anônimas no Direito Brasileiro*. São Paulo: José Bushatsky, 1979.

TORRES, Carlos Maria Pinheiro. *O direito à informação nas sociedades comerciais*. Coimbra: Almedina, 1998.

TOURAINE, Alain. *Crítica da Modernidade*. Petrópolis, RJ: Vozes, 2002.

TUNC, André. Les Principles of Corporate Governance. *Revue de Droit des Affaires Internationales*, Paris, n. 8, 1995.

VALVERDE, Trajano de Miranda. *Sociedade por ações*. 2. ed. Rio de Janeiro: Forense, 1953. 1 v.

——. *Sociedade por ações*. 2. ed. Rio de Janeiro: Forense, 1959. 2 v.

WALD, Arnoldo. Dez anos de vigência da Lei das Sociedades Anônimas. *Revista de Direito Mercantil*, São Paulo: Revista dos Tribunais, n. 62, p. 5-11, abr./jun. 1986.

ZERO HORA. Porto Alegre, 23 de julho de 2002, p. 27.

Impressão:
Editora Evangraf
Rua Waldomiro Schapke,77 - P. Alegre, RS
Fone: (51) 3336-2466 - Fax: (51) 3336-0422
E-mail: evangraf@terra.com.br